Annette Bauer
Mit Illustrationen von Yvonne Rangnitt

Mit Pepe von 0 auf 101

Mathematik kinderleicht gemacht
Zahlenspiele ab 4 Jahren

Freiburger Verlag

Familie Bauer

Annette Bauer verbindet seit mehr als 10 Jahren Familie und Beruf. Nachdem sie 13 Jahre als Maschinenbau-Ingenieurin in der Industrie tätig war, machte sie sich 2003 selbständig und erfüllte sich einen lang gehegten Wunsch: Sie widmet sich der Aufgabe, Kindern die natürliche Freude am Lernen zu erhalten oder sie wieder zu entdecken.

Die Freude an der Lösung von Aufgaben, das Interesse an Mathematik und Naturwissenschaften führte Annette Bauer zunächst in den Bereich Maschinenbau. Schon im Studium entdeckte sie den Reiz, Wissen dem Lerntyp gerecht darzustellen und weiterzuvermitteln. Unmittelbar nach dem Studium war sie, neben ihrer Beschäftigung als Entwicklungsingenieurin, als Dozentin an einer Berufsakademie und als Schulungsleiterin einer Softwarefirma tätig. Seitdem begleitet sie das Thema der Lernpsychologie und Didaktik. Mit ihrer Selbständigkeit stieg sie auch in den pädagogischen Bereich ein.

Mit „Pepe von 0 auf 101" hat die humorvolle Autorin, die mit ihrem Mann und den beiden Kindern im Januar 2005 zusammen 108 Jahre alt war, eine Aufgabensammlung zusammengestellt, mit der Kinder sich spielerisch der Welt der Mathematik nähern. Alle Aufgaben und Lernspielmaterialien haben lange Probezeiten überstanden und wurden von Kindern unterschiedlichen Alters getestet. Das positive Urteil der Kinder hat der Autorin Mut gemacht, ihre Aufgabensammlung zu veröffentlichen.

Inhaltsverzeichnis

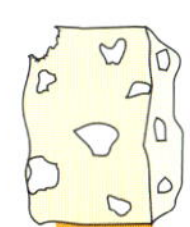

Liebe Eltern, Erzieher und Freunde spielerischen Lernens,

um zu verstehen, wie Kinder an die Logik der Mathematik herangeführt werden können, versetzen Sie sich am besten in die motivierende und belebende Stimmung einer gelungenen Schulstunde, einer mitreißenden Weiterbildung oder eines spannenden Trainings. Lernen ist in einer solchen Situation Nebensache. Es passiert beiläufig. Im Vordergrund steht die Begeisterung für die Sache.

Die ersten Anregungen für mathematische Spiele bekam ich im Rahmen meiner didaktischen Ausbildung als Trainerin. Diese Ideen haben mich motiviert, etwas Neues auszuprobieren und ich entwickelte ständig und überall Anwendungsmöglichkeiten. Damals habe ich angefangen, mit meinen Kindern Mathematik zu spielen: im Auto, im Wartezimmer, beim Kinderarzt, im Restaurant. Wir spielen auch heute noch, sobald Langeweile entsteht und wir Lust und Laune dazu haben. Es ist für mich immer wieder faszinierend zu sehen, dass die Kinder diese „Mathespiele" tatsächlich als reines Vergnügen empfinden. Sie zeigen keinerlei Anzeichen von angestrengter Hirnakrobatik.

Das Kennzeichen aller Spiele ist eine stressfreie Atmosphäre, die durch Freude und Spaß am Spiel und körperlicher Bewegung entsteht. Dass Mathematik eine muntere Beschäftigung sein sollte, zeigt bereits die Herkunft der beiden Begriffe „Mathematik" und „munter". Beide leiten sich vom griechischen „manthanein" ab und bedeuten „lernen".

Doch welche Kinder erleben Mathematik als muntere Beschäftigung? Wahrscheinlich nur eine kleine Anzahl. Deshalb sind Eltern und Erzieher gefragt, Kinder in die spannende und fantasievolle Welt der Mathematik einzuführen. Sie können den Kindern den Spaß und die Freude am Entdecken aufzeigen oder sie ihnen zurückgeben.

„Pepe von 0 auf 101" bietet konkrete Anleitungen für Mathematik-Spiele. Sie sind für alle Situationen des Alltags geeignet – mit und ohne Material.

Die Spiele sind für Kinder im Vorschul- und Grundschulalter ausgelegt. Dieser Altersbereich ist in drei Altersgruppen aufgeteilt und sollte individuell und fließend genutzt werden. Für jede Spielbeschreibung gibt es auch Angaben über geeignete Materialien und mögliche Spielorte.

Allen Spielen ist gemein, dass sie weder Stift noch Schreibpapier benötigen, also einen echten Kontrast zum heutigen Schulalltag darstellen.

Welchen Wert haben die von Pepe begleiteten Spiele?

- Die Kinder erleben eine **reine Spielatmosphäre**. Sie empfinden keinen Stress, keinen Druck, keine Versagensängste und keinen Zwang, sondern **Spaß, Freude,**

Eigenmotivation und Ansporn. Der positive Spielcharakter kann aber nur erreicht werden, wenn Kinder auch wirklich spielen wollen. Jedes Spiel kann und sollte abgebrochen werden, wenn Lust und Konzentration nicht mehr ausreichend vorhanden sind.

- „Pepe von 0 auf 101" **vermittelt spielerisch** „Lernstoff", der Kindern nie langweilig wird. Die wiederholte Auseinandersetzung mit einem Thema ist die Basis für erfolgreiches Lernen. So bietet beispielsweise der Einsatz von „Spielsteinchen" den Kindern die Möglichkeit, Mathematik im wahrsten Sinne des Wortes **zu begreifen und zu erfassen**. Durch den hohen Anteil von Sinneserfahrungen stellen die begleitenden Spiele eine **ideale Ergänzung zum Mathematikunterricht** dar.

- Unabhängig von allen Lehrplänen können **Kinder individuell und differenziert gefördert** werden. Die Beteiligten entscheiden, bis zu welcher Schwierigkeitsstufe ein Spiel gespielt und zu welchem Zeitpunkt ein neues Thema eingeführt wird. Viele Spiele eignen sich als „Lückenfüller", wenn es Ihren Kindern im Auto oder während Wartezeiten mal langweilig wird. Somit kann Mathematik auch als **willkommene Abwechslung** erlebt werden.

- **Pauken ist out!** Mit Lob und Ermutigung von Erwachsenen werden Kinder angespornt, sich den Herausforderungen – auch anspruchsvolleren Rechenaufgaben – in Brett- und Dominospielen zu stellen.

Probieren geht über Studieren!

Jeder Mensch lernt anders. Erfolgreiches Lernen wird auf vielfältige Weise und sehr individuellen Wegen umgesetzt. Darum wird es auch nie ein Rezeptbuch mit Mathematikaufgaben geben, das uns allen gleichermaßen gut tut. Doch Wissenschaft und Forschung weisen übereinstimmend auf wichtige Voraussetzungen hin, ohne die erfolgreiches Lernen nicht denkbar ist.

Dabei geht es auch immer um ein ausgewogenes Zusammenspiel von Faktoren, für die Elternhaus und Schule gemeinsam verantwortlich zeichnen. Auch da, wo sich im Lernprozess abstrakte Logik in den Vordergrund drängt, sollten Erwachsene alle Möglichkeiten nutzen, Kindern mit Hilfe elementarer Sinneserfahrungen Freiräume dort zu erschließen, wo Lernen Spaß macht.

Viel Spaß mit Pepe
wünscht Ihnen und Ihren Kindern

Annette Bauer

Nach welchen Kriterien kann ein Spiel ausgesucht werden?

Dieses Buch ist als Begleiter für Sie und Ihr Kind über mehrere Jahre hinweg gedacht. Beginnen Sie mit den ersten Spielen bereits im Kindergartenalter. Um Ihnen die Auswahl passender Spiele zu erleichtern, werden Hinweise zu Altersgruppe, Material und Ort gegeben. Da sich Kinder aber ganz unterschiedlich entwickeln und von ihren Anlagen sehr verschieden sind, ist die Einteilung in Altersgruppen nur als grober Richtwert anzusehen. Grundsätzlich gilt die Regel: Geeignet ist jedes Spiel, das mit Interesse, Freude und Spaß einhergeht.

Altersgruppen

Kinder aus **Vorschule** und **1. Klasse.**

Kinder aus **1. und 2. Klasse.**

Kinder aus **2. – 4. Klasse.**

Ort

Es empfiehlt sich, das Spiel im Haus zu spielen.

Ein Bewegungsspiel, das optimal im Freien umgesetzt werden kann.

Dieses Spiel kann überall gespielt werden.

Material

Dieses Spiel greift auf Materialien zu, die für jede Spielbeschreibung detailliert beschrieben werden.

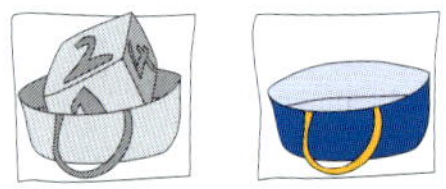

Ein spontanes Spiel ohne Spielmaterial.

Wollen wir spielen?

Einem „Ja“ auf diese Frage folgt in der Regel die Beschaffung der notwendigen Utensilien. Im Fall einer Spieleschachtel ist das schnell erledigt. Doch gerade für selbst erdachte Spiele ist der Aufwand oft größer.

Kinder sind meist ausgesprochen kreativ im Improvisieren. Für die von mir ausgedachten Spiele sind die beschriebenen Materialien nur ein Vorschlag. Sie und Ihr/e Kind/er sind eingeladen, eigene Ideen zu verwirklichen und zu erproben. Das meiste Spielmaterial steht jedem Haushalt zur Verfügung:

- ein Ball oder ein Luftballon
- eine ca. 3 m lange Kordel oder ein Seil
- ca. 80 Steinchen zum Zählen und Spielen. Das können tatsächliche Steinchen, Lego- oder Dominosteine, aber auch Perlen, gesammelte Früchte wie Nüsse oder Kastanien, getrocknete dicke Bohnen etc. sein. Der Einfachheit halber wird im Folgetext der Begriff Steinchen verwendet.
- eine Stofftasche
- ein Waschlappen als Schüttelsäckchen

Wer sich angesprochen fühlt, kann mit den Anregungen aus der Bastelecke am Ende des Buches eigene und kreative Spielutensilien erstellen.

Die Reaktionen auf ein Bastelangebot fallen im Allgemeinen sehr unterschiedlich aus. Nicht jeder greift voller Begeisterung zu Schere und Kleber. In unserer Bastelecke ist keine Perfektion und Akribie gefragt. Hier geht es vor allem um die möglichen Erfahrungen der Kinder an sich:

- ***in Ruhe, vielleicht bei schöner Musik, mit Mama oder Papa, Oma oder Opa oder anderen lieben Menschen Gemeinsamkeit zu erfahren.***
- ***durch Basteln und Malen die Feinmotorik zu fördern.***
- ***Begegnung mit Formen, Farben und Zahlen zu erleben.***
- ***Raum für die Verwirklichung eigener Ideen zu schaffen.***

Blinde Kuh

Material:

Ein Karton oder eine Stofftasche mit mehreren kleinen Gegenständen. Jeder Gegenstand muss zweimal vorhanden sein und sich in einem Merkmal von den anderen unterscheiden. Ein Buntstift kann zum Beispiel als dicker und dünner Stift oder in langer und kurzer Form genutzt werden. Für das Verstecken der Gegenstände im Spiel eignet sich eine weitere Stofftasche (oder ein Tuch).

Für eine erste Materialsammlung genügen 5 verschiedene Pärchen. Das können zum Beispiel sein:

- *Wachsmal- oder Buntstifte (kurz und lang)*
- *Kordel- oder Wollfäden (kurz und lang)*
- *Bausteine oder Geldstücke (groß und klein)*
- *Kerzenstumpen (groß und klein oder dick und dünn)*
- *jeweils ein kleines Stück Pappe und Schleifpapier (glatt und rauh)*
- *2 Steine (leicht und schwer)*
- *Garnrollen (dick und dünn)*
- *ein Würfel und ein würfelgroßes Stück Schwamm (hart und weich)*
- *Pappkartonschablonen (rund und eckig)*
- *Zahnstocher mit und ohne Spitze (spitz und stumpf)*

Zielgruppe:
Kindergarten- und Vorschulkinder

Ort:
Am besten am Tisch

Die Geschichte zum Spiel:
Ein sehr liebenswerter Ureinwohner im kleinen Kastanienwald mit Namen Wuzel ist heute ganz besonders glücklich. Endlich hat er herausgefunden, wie er in seine groben und plumpen Hände mehr Gefühl bekommt. Er schließt dazu die Augen und konzentriert sich nur noch auf das Gefühl seiner Hände. Auf einmal kann er ganz feine Unterschiede wahrnehmen.

Spiel:
Was ist in der Tasche und wie sieht es aus? Diese Fragen darf Ihr Kind durch Betasten der Gegenstände in der Tasche beantworten. Wird Ihr Kind wie der kleine Wuzel mit den Händen sehen können? Legen Sie sich alle Materialien so zurecht, dass Sie vom Kind unbeobachtet ein Pärchen zusammengehöriger Gegenstände in die Tasche (oder unter das Tuch) schieben können. Um Ihr Kind in eine aufmerksame Spannung zu versetzen, können Sie auch einen Zauberer spielen, der nach und nach die zu erratenden Pärchen in die Tasche zaubert.

Altersgruppe:

Ort:

Material:

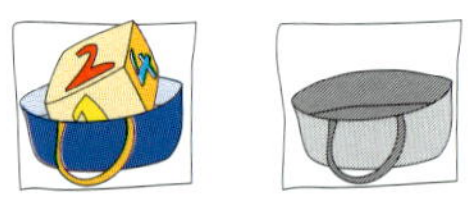

Formen tasten

Material:
Eine Stofftasche und die selbstgebastelten Tastkärtchen mit Formen und Zahlen aus dem Kapitel Bastelecke.

Zielgruppe:
Vorschulkinder, aber auch ältere Kinder haben an diesen Übungen Spaß.

Ort:
Am Tisch oder auf dem Boden

Die Geschichte zum Spiel:
Der kleine Wuzel und die blinde Kuh haben herausgefunden, dass sie mit geschlossenen Augen viel besser fühlen und ganz feine Merkmale von Gegenständen ertasten können. Sie freuen sich so sehr über ihre Entdeckung, dass sie sich jeden Tag neue Tastspiele ausdenken. Wuzels Ideen zu Tastkärtchen finden Sie in der Bastelecke.

Spiel:
Bestücken Sie die Stofftasche mit den Tastkärtchen.

Stufe 1:
Das Kind nimmt sich ein Kärtchen aus der Tasche und nennt die zu entdeckende Form oder Zahl. Nun fährt es die Form oder Zahl zuerst mit dem Finger auf dem Kärtchen und dann mit der Hand in der Luft mit großen Bewegungen nach.

Stufe 2:
Das Kind greift mit beiden Händen in die Tasche hinein, sucht sich ein Kärtchen aus und tastet es ab. Wenn die Form oder die Zahl geraten ist, darf das Kärtchen zur Kontrolle herausgezogen werden. Ist das Ergebnis richtig, wird das Kärtchen abgelegt. Ist das Ergebnis falsch, kommt das Kärtchen wieder in die Tasche zurück.

Altersgruppe: **Ort:** **Material:**

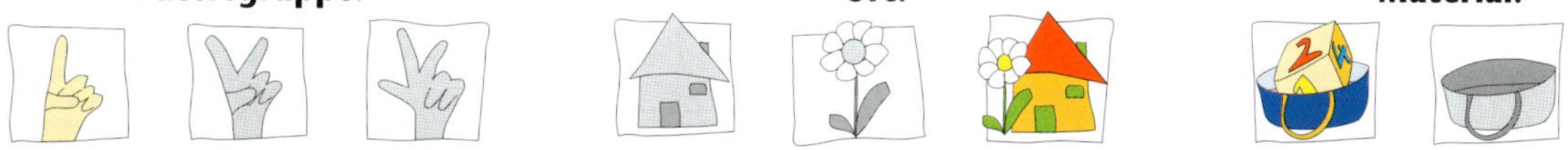

Gegensätze erkennen

Material:
Knete. Ein Rezept für selbst gemachte Knete finden Sie im Kapitel Bastelecke.

Zielgruppe:
Kindergarten- und Vorschulkinder

Ort:
Am besten am Tisch

Die Geschichte zum Spiel:
Der kleine Pfiffikus reist gerne in ferne Orte. Dort entdeckt er immer wieder neue und ungewöhnliche Geschichten, die er den Kindern seiner Heimatstadt nach seiner Rückkehr erzählt. Eine seiner vielen Reisen führt ihn in ein sonderbares Land. Es wirkt grau und langweilig. Der kleine Pfiffikus kann keine Berge und keine Täler entdecken. Er fühlt kein Warm und kein Kalt und alles schmeckt gleich. Da hat der kleine Pfiffikus eine Idee. Er kauft im Schlaraffenland eine Riesenportion Eis und verteilt sie an alle Kinder im Land der grauen Langeweile. Die Kinder sind glücklich, das kalte und süße Eis zu schmecken. Damit ihr Leben bunter und vielfältiger wird, beschließt der kleine Pfiffikus, den Kindern viele Gegensätze zu schenken. Da es aber so viele Gegensätze gibt, würde er sich über pfiffige Helfer freuen. Welche Gegensätze können Sie mit Ihrem Kind beisteuern?

Spiel:
Kneten Sie mit Ihrem Kind nebenstehende Gegensätze. Zeigen Sie nacheinander auf alle Gegenstände und bitten Sie Ihr Kind, die entsprechenden Merkmale zu nennen. Vielleicht fallen Ihrem Kind weitere Gegenstände mit den genannten Eigenschaften ein?

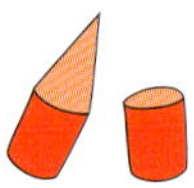

spitz – stumpf

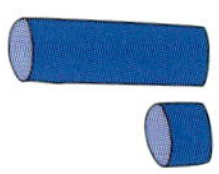

lang – kurz

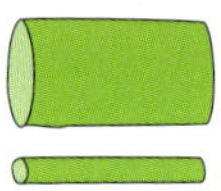

dick – dünn

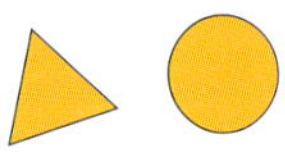

eckig – rund

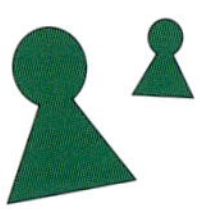

groß – klein

Altersgruppe: **Ort:** **Material:**

Zahlenbäckermeister

Zielgruppe:
Kindergartenkinder/Erstklässler

Ort:
Am besten am Tisch

Die Geschichte zum Spiel:
Heute ist ein ganz besonderer Tag. Das Zahlenland sucht neue Bäcker. Alle Kinder, die im Zahlenland als Bäcker arbeiten möchten, nehmen an einem Wettbewerb teil. Das Kind, welches die schönsten Zahlen formt, wird neuer Zahlenbäckermeister.

Spiel:
Legen Sie das Zahlen-Tischset mit den groß geschriebenen Zahlen 1 bis 10 auf den Tisch. Zunächst muss der Bäcker die Reihenfolge der Zahlen und ihre Darstellung kennen lernen. Dazu bitten Sie Ihr Kind, die Zahlen der Größe nach aufzuzählen, dabei auf jede Zahl zu zeigen und dann mit dem Finger die Zahl nachzufahren. Jetzt kann's losgehen.

Teilen Sie die Knete in 10 handgerechte Portionen auf. Kleinere Kinder können unterstützt werden, indem jede Portion schon als Strang vorgeformt wird. Das Kind bildet mit den Knetsträngen die Zahlen nach, oder setzt die Zahlen aus kleinen Knetstücken direkt auf dem Zahlen-Tischset zusammen.

Material:
Knete und ein Zahlen-Tischset. Ein Rezept für selbst gemachte Knete und eine Anleitung zum Herstellen des Zahlen-Tischsets finden Sie in der Bastelecke am Ende des Buches.

Altersgruppe: **Ort:** **Material:**

Murmelland

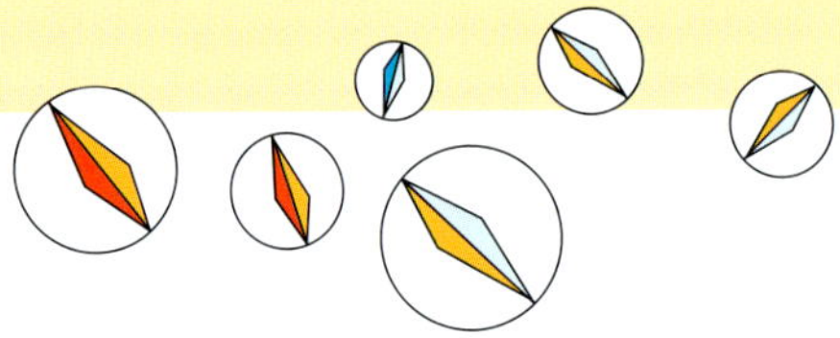

Material:
Eine Murmel oder ein Steinchen und zwei Längenmaße, jeweils 1 und 10 cm lang. Die Beschreibung zu den Längenmaßen finden Sie in der Bastelecke.

Zielgruppe:
Kinder, die noch keine Längeneinheiten kennen.

Ort:
Hauptsächlich drinnen

Die Geschichte zum Spiel:
Laden Sie Ihr Kind zu einer Reise in das Murmelland ein. Im Murmelland leben Miniwichtel, die nicht größer als ein kleiner Finger werden. Hier gibt es keinen Meterstab und kein Lineal. Ein Miniwichtel gibt seine Größe nicht in Metern oder Zentimetern an, sondern in Murmeln. Wichtel Winni ist zum Beispiel 4 Murmeln groß. Seine niedliches Haus ist 16 Murmeln breit. Darin steht ein Bett von 5 Murmeln Länge und ein Tisch von 2 Murmeln Höhe.

Spiel:
Stufe 1:
Geben Sie Ihrem Kind eine Murmel oder ein Steinchen in die Hand. Wenn Sie Ihre Blicke schweifen lassen, werden Sie Gegenstände finden, deren Maße Ihr Kind in Murmeln schätzen kann. Am Anfang ist es sicherlich leichter, ein Maß zu bestimmen, das nur 1 oder 2 Murmeln beziehungsweise Steinchen entspricht. Hier sind einige Beispiele für mögliche Gegenstände: Kabel, Kerze oder Teelichter, Gewürzdosen, Würfel und Spielfiguren, Playmobil- oder Lego-Teile, Finger, Zahnbürste, Garnrolle, Schlüssel, Geldmünze, Handspiegel, Lippenstift, Kalender, Buch, … oder ganz einfach Papierschnipsel in verschieden Längen.

Stufe 2:
In dieser Spielvariante benutzt das Kind seine Hand, um die Länge, Breite oder Höhe von Dingen abzuschätzen. Wie viel Hände breit ist zum Beispiel dieses Buch?

Stufe 3:
Geben Sie Ihrem Kind die beiden Längenmaße in die Hand und spielen Sie wie in den vorhergehenden Spielen. Das Kind schätzt jetzt die Maße wie Breite, Höhe und Länge nicht mehr in Murmeln, sondern in Zentimetern.

Altersgruppe:

Ort:

Material:

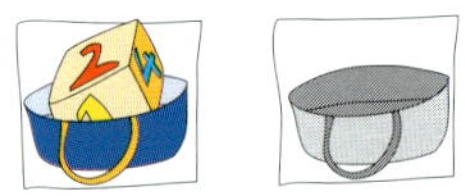

Vermesser

Zielgruppe:
Kinder, die noch keine Längeneinheiten kennen.

Ort:
Überall, wo es Gegenstände zu vermessen gibt und die Schnur dabei ist.

Die Geschichte zum Spiel:
Hoher Besuch ist angesagt, und nun wird im Haus Ordnung gemacht. Alle Gegenstände sollen der Größe nach aufgereiht werden. Ihr Kind kann als gelernter Vermesser schnell helfen. Mit der Bastelschnur soll es die Dicke oder die Höhe von Gegenständen ausmessen. Gegenstände können sein: verschiedene Becher, Flaschen, Dosen, Töpfe, Schüsseln, Papierkorb etc.

Spiel:
Zum Ausmessen der Dicke wird die Bastelschnur um die Gegenstände gespannt. Dort, wo sich die Schnur kreuzen würde, fassen die Finger fest zu und lassen nicht los, auch wenn die Schnur weggenommen wird, um sie um den nächsten Gegenstand zu legen. Danach wird verglichen, ob mehr oder weniger Schnur gebraucht wurde. Das Kind misst so nach und nach alle Gegenstände aus und ordnet sie der Größe nach.

Material:
1 m Kordel oder Bastelschnur

Altersgruppe:

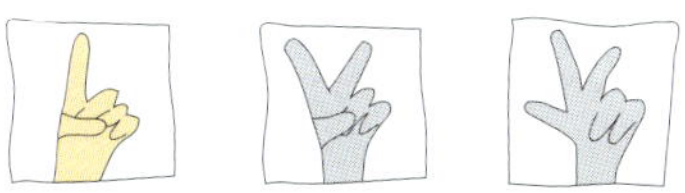

Ort:

Material:

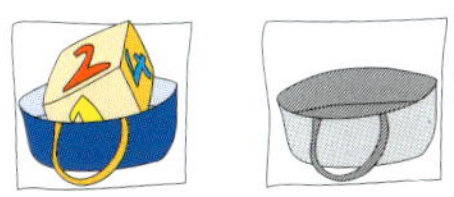

Spiegelbild

Zielgruppe:
Kinder aus dem Kindergarten bis zur zweiten Klasse

Ort:
Überall, wo man sich gegenübersitzen oder stehen kann.

Die Geschichte zum Spiel:
Die Ballettschüler der Gruppe Primerillis üben ihre Figuren vor dem Zauberspiegel ein. Ein Zauber bewirkt, dass sich die Schüler genau so wie das Spiegelbild bewegen.
Durch diese perfekten Bewegungen lernen die Ballettschüler sehr viel. Aber wer müde und erschöpft ist, kann nicht aufhören. Erst wenn das Spiegelbild verschwunden ist, dürfen sich die Schüler erholen.

Spiel:
Führen Sie vor dem ersten Spiel mit Ihrem Kind ein kleines Experiment vor einem Spiegel durch. Welche Hand wandert im Spiegelbild nach oben, wenn Sie den rechten Arm hochstrecken? Bitten Sie Ihr Kind, abwechselnd den linken und rechten Arm vor dem Spiegel zu strecken oder im Kreis zu bewegen und dabei das Spiegelbild zu beobachten.

Stufe 1:
Setzen oder stellen Sie sich Ihrem Kind bequem gegenüber. Ihr Kind spielt Ihr Spiegelbild. Wenn Sie also Ihren rechten Arm nach rechts bewegen, sollte Ihr Kind mit dem linken Arm nach links gehen. Bewegen Sie Ihren Arm langsam in Linien und in Kreisbögen. Wechseln Sie Ihre Arme beziehungsweise Hände ab. Denken Sie auch an Überkreuzbewegungen, wie rechte Hand auf linke Schulter, oder linke Hand zum rechten Knie. Geben Sie Ihrem Kind genügend Zeit, die Bewegungen exakt nachzuvollziehen.

Stufe 2:
Ihr Kind soll jetzt nicht mehr Spiegelbild spielen, sondern Ihre Bewegungen mit der gleichen Körperseite nachvollziehen. Wenn Sie einen Kreis mit der rechten Hand zeichnen, muss Ihr Kind nun „über Kreuz denken" und ebenfalls die rechte Hand benutzen. Als Spiegelbild hätte Ihr Kind die linke Hand nehmen müssen.

Altersgruppe:

Ort:

Material:

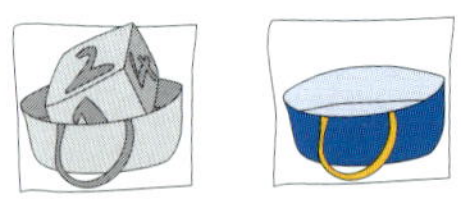

Alles Knete

Material:
Knete, eine Unterlage zum Kneten und ein Tuch zum Verdecken der Rätsel

Zielgruppe:
Vorschulkinder, aber auch ältere Kinder haben an diesem Spiel Spaß.

Ort:
Am Tisch

Die Geschichte zum Spiel:
Familie Senebesel feiert jede Woche einmal einen Wunschtag. An diesem Tag darf jeder seine Wünsche kneten. Bebe Senebesel wünscht sich für die kommende Woche viel Glück beim Sportfest und knetet ein vierblättriges Kleeblatt. Papa Senebesel wünscht sich einen neuen Kaffeepott und Mama Senebesel ein Paar neue Schuhe. Die gekneteten Wünsche werden unter einem Tuch versteckt. Der Wunsch, der von allen Familienmitgliedern durch Tasten erraten wird, geht in Erfüllung.

Spiel:
In diesem Spiel können alle Mitspieler ihrer Kreativität freien Lauf lassen. Aus einem Stück Knete soll ein Rätsel entstehen. Das kann eine Form oder eine Zahl sein, ähnlich den verwendeten Formen auf den Tastkärtchen. Je nach Alter des Kindes lassen sich aber auch Buchstaben oder einfache Gegenstände wie Teller, Glas, Ball, Herz oder Sonne als Rätsel formen. Es empfiehlt sich, mehrere Rätsel vor Spielbeginn fertig zu stellen, damit zügig und ohne lange Wartezeiten gespielt werden kann. Legen Sie das zu erratende Rätsel unter ein Tuch. Das Rätsel darf durch Abtasten unter dem Tuch gelöst werden. Bei schwierigen Aufgaben können Fragen zum Rätsel gestellt werden, die mit Ja oder Nein zu beantworten sind.

Altersgruppe:

Ort:

Material:

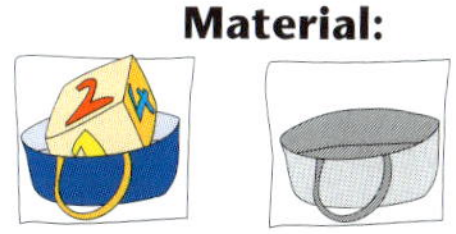

Im Luftschloss

Zielgruppe:
Vorschulkinder (und große Kinder bis 99)

Ort:
Überall, wo man hintereinander stehen oder sitzen kann.

Die Geschichte zum Spiel:
Der weiße König des Luftschlosses hat alle Erdenkinder zu einem Sinnesfest eingeladen. Nehmen Sie die Einladung an und besuchen auch Sie mit Ihrem Kind das Luftschloss. Alle Kinder, die durch das Schlosstor eintreten, erhalten als Gastgeschenk eine ganz besondere Gabe. Diese Gabe ermöglicht den Kindern, Bilder auf ihrem Rücken zu erspüren und als Luftgemälde auf einer Lufttafel wiederzugeben.

Ihr Kind steht oder sitzt mit dem Rücken zu Ihnen.

Spiel:
Stufe 1:
Für Ihr Kind ist es wichtig, sich die Lufttafel vorstellen zu können. Tun Sie so, als ob Sie die Tafel vor Beginn des Spieles putzen würden und wischen Sie mit der Handfläche über die Lufttafel. Dann wird Ihre Vorstellungskraft gefordert. Stellen Sie sich auf dem Rücken Ihres Kindes ein Raster aus 4 oder 9 Punkten vor.

Berühren Sie Ihr Kind nacheinander an den 4 Ecken des Rasters und führen Sie die Hand Ihres Kindes nach jeder Berührung zu dem entsprechenden Punkt auf der Lufttafel.

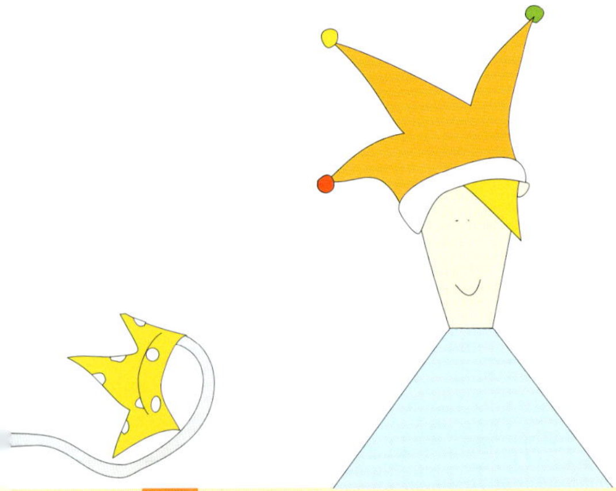

Altersgruppe:

Ort:

Material:

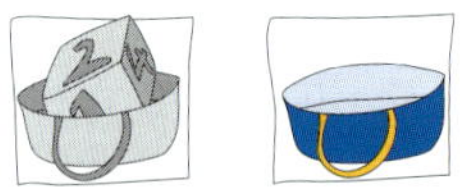

Nun kann's los gehen. Die Skizzen zeigen einige Vorschläge für mögliche Figuren.

Fahren Sie mit Ihren Fingerkuppen langsam über den Rücken Ihres Kindes und achten Sie darauf, dass Ihr Kind die Figuren auf der Lufttafel korrekt nachmalt.

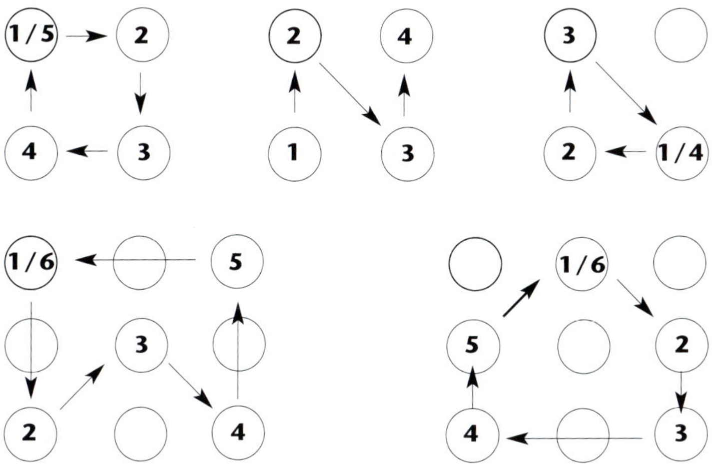

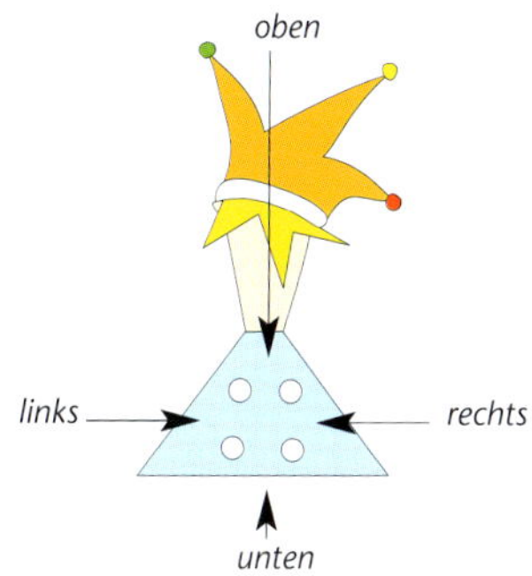

Stufe 2:

Die Vorstellung des Rasters aus Stufe 1 wird nicht mehr benötigt. Zeichnen Sie auf den Rücken Ihres Kindes Zahlen oder Buchstaben, die das Kind dann erraten soll.

Stufe 3:

Schreiben Sie Rechenaufgaben auf den Rücken Ihres Kindes, die das Kind im Kopf dann ausrechnet.

Schatzmeister

Material:
10 kleine Geldmünzen oder Steinchen

Zielgruppe:
Kindergarten- und Vorschulkinder

Ort:
Im Wald, auf der Wiese, auf dem Boden, im Auto

Die Geschichte zum Spiel:
Der Schatzmeister der Burg Rabenschrei ist alt und seine Augen sind schon müde geworden. Er kann nicht mehr sehen und muss alle Goldstücke und Edelsteine mit den Händen abzählen.

Bitten Sie Ihr Kind, leicht nach oben zu schauen und die Augen zu schließen.

Spiel:
Legen Sie Ihrem Kind eine beliebige Menge zwischen 1 und 10 Steinchen in die Hand. Benutzen Sie in den ersten Spielrunden maximal 5 Steine und steigern Sie nach und nach die Menge an Steinchen.

Das Kind darf zum Abzählen die „Steinchen“ aus der Hand legen.

Altersgruppe:

Ort:

Material:

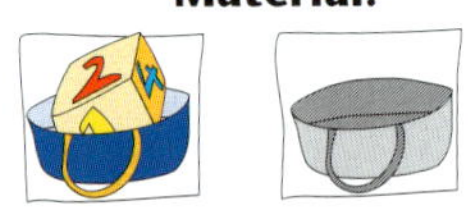

Seiltänzer

Zielgruppe:
Kindergartenkinder / Erstklässler

Ort:
Überall, wo eine Linie auf dem Boden erkannt oder gemalt werden kann

Die Geschichte zum Spiel:
In der Stadt ist der Zirkus Flikflak zu Besuch. Die Flikflak-Artisten sind bei den Kindern sehr beliebt, weil sie sich einen ganzen Tag für alle Kinder aus der Umgebung freihalten. An diesem Tag üben sie mit den Kindern Kunststücke auf dem Hochseil. Für jedes Kunststück wird eine Königin oder ein König ermittelt. Das sind die Kinder, denen die meisten Schritte auf dem Hochseil gelingen, ohne hinunterzufallen.

Ihr Kind hat in diesem Spiel Gelegenheit, in die Rolle eines Seiltänzers oder einer Seiltänzerin hineinzuschlüpfen. Als fiktives Tanzseil bieten sich Teppichkanten oder auch Fugen in Fliesen- oder Holzfußböden an. Aber auch kleine Steinchen, ein Strich mit Straßenkreide oder ein richtiges Seil sind zur Darstellung geeignet.

Spiel:
Ihr Kind bekommt als Aufgabe ein Kunststück auf dem Seil. Während dem Balancieren zählt es, wie viele Schritte oder Figuren auf dem Seil gelingen ohne hinunterzufallen.

Material:
Eventuell ein Stück Straßenkreide oder ein Seil

Aufgaben:
- *Setze einen Fuß vor den anderen.*
- *Laufe nur auf den Zehenspitzen.*
- *Laufe auf der Ferse.*
- *Laufe rückwärts.*
- *Laufe vorwärts und schwinge Dein Bein zur Seite, bevor Du den Fuß auf das Seil aufsetzt.*

Altersgruppe:

Ort:

Material:

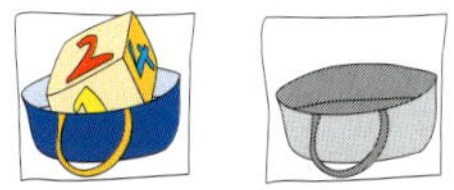

Schüttelfinger

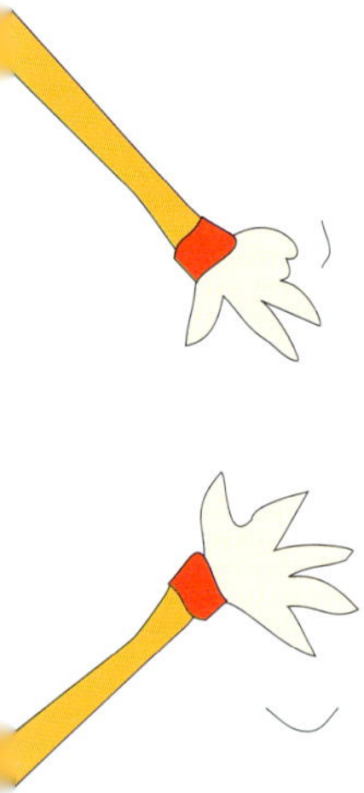

Zielgruppe:
Kindergartenkinder / Erstklässler

Ort:
Die Schüttelfinger finden überall, selbst auf engstem Raum, genügend Platz.

Die Geschichte zum Spiel:
Es ist langweilig. Den Fingern geht es auch nicht besser, sie langweilen sich ebenfalls und werden langsam unruhig. So beginnen die Finger Unfug zu treiben und schütteln sich vor Lachen, einige fallen sogar um, aber wie viele bleiben stehen?

Spiel:
Stufe 1:
Schütteln Sie Ihre Hand, sodass die Finger zappeln und halten Sie nach ein paar Sekunden 1 bis 3 Finger in die Luft. Das Kind soll möglichst schnell die Anzahl der hochgehaltenen Finger nennen. Ziel der Übung ist es, dass das Kind die Finger nicht mehr abzählt, sondern die Mengen gleichzeitig, als Ganzes, erfasst. Sobald das Kind die Mengen 1 bis 3 zügig unterscheiden kann, spielen Sie mit 5 Fingern.

Altersgruppe:

Ort:

Material:

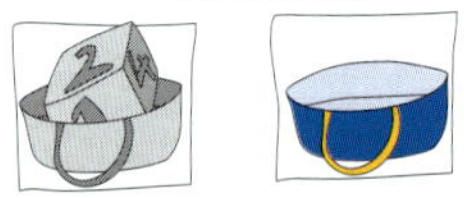

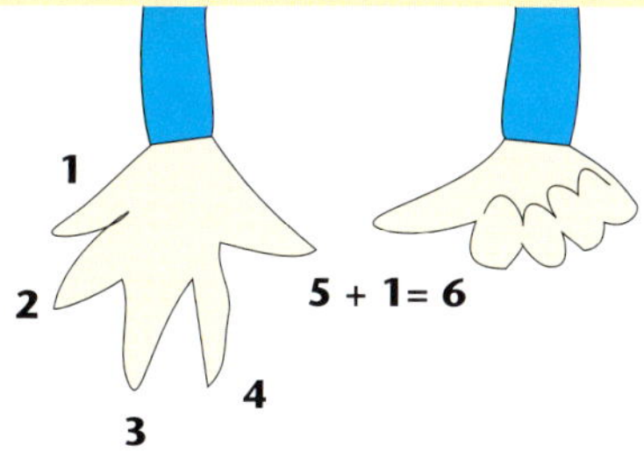

Stufe 2:
Spielen Sie mit 2 Händen, sodass Ihr Kind immer 2 Zahlen benennen muss.

Stufe 3:
Spielen Sie wieder mit 2 Händen. Wählen Sie als Anzahl der Finger immer die Kombination von Zahlen, deren Summe 5 ergibt. Also 1 + 4, 2 + 3, 3 + 2 und die 4 + 1. Nachdem Ihr Kind die Zahlen genannt hat, fordern Sie es auf, alle Finger zusammenzuzählen.

Stufe 4:
Halten Sie an einer Hand (nach dem Schütteln) immer 5 Finger hoch, an der anderen Hand variieren Sie zwischen 1 bis 5. Lassen Sie nach dem Nennen der einzelnen Zahlen wieder die Summe bilden. Geben Sie aber Ihrem Kind die Möglichkeit, die Finger weiterhin anzuschauen.

Stufe 5:
Zum Schluss wählen Sie ganz beliebige Zahlenkombinationen, die zusammengezählt werden sollen und mit denen sich Ihr Kind den Zahlenraum bis 10 erschließen kann.

5 Farbkleckse machen Kunst

Material:
5 Steinchen

Zielgruppe:
Kindergartenkinder / Erstklässler

Ort:
Überall, wo Sie 5 Steinchen organisieren können.

Geschichte zum Spiel:
Als Malermeister Klecksel die Zimmerwand seines Freundes Kittel streicht, fallen fünf Farbkleckse auf den Boden. Weder Klecksel noch Kittel bemerken die 5 verlorenen Farbkleckse. Sie haben nur noch Augen für die schillernd bunte Wand. Nicht beachtet beschließen die Farbkleckse, als Kunstwerk auf Wanderschaft zu gehen. Sie denken sich alle möglichen Anordnungen aus. Am besten gefallen sie sich, wenn sie sich in 2 Gruppen aufteilen.

Spiel:
Die Farbkleckse werden durch Steinchen dargestellt. Welche Möglichkeiten haben die Farbkleckse, wenn sie sich in 2 Gruppen aufteilen? Findet Ihr Kind einige mögliche Kombinationen?

Altersgruppe: **Ort:** **Material:**

Stufe 1:
Nehmen Sie die 5 Steinchen und bitten Sie Ihr Kind, die Augen zu schließen und den Kopf leicht nach hinten zu beugen. Die Handflächen sollen nach oben zeigen. Teilen Sie die Steinchen auf beide Hände des Kindes auf. Da insgesamt nur 5 Steinchen zur Verfügung stehen, ergibt sich immer eine der Kombinationen 1 + 4 , 2 + 3, 3 + 2 oder 4 + 1. Das Kind hat nun die Aufgabe, die Steinchen in jeder Hand zu ertasten. Dazu lässt es die Steinchen in jeder Hand für sich herumwandern. Es ist nicht erlaubt, die Steinchen von einer Hand in die andere abzuzählen!

Stufe 2:
In dieser Stufe kann Ihr Kind schon eine kleine Rechenarbeit leisten. Nehmen Sie die 5 Steinchen in Ihre Hand und geben Sie davon 1 bis 5 Stück in die Hand Ihres Kindes, ohne dass Ihr Kind sieht, wie viele Steinchen in welcher Hand liegen. Fordern Sie Ihr Kind auf, die Anzahl der Steinchen zu ertasten und dann zu berechnen, wie viele Steinchen in Ihrer Hand geblieben sind.

Würfeln

Material:
Ein Würfel mit den Augen 1 bis 6, Zahlenkärtchen 1 bis 6 aus der Tasche im Anhang und 6 Steinchen

Zielgruppe:
Kindergartenkinder

Ort:
Dieses Spiel wird am besten am Tisch gespielt.

Die Geschichte zum Spiel:
Die Würfelaugen sind vor lauter Kummer ganz schwarz geworden. Sie sind schrecklich traurig, weil sie am Würfel festkleben und nichts von der Welt sehen. Ihr größter Wunsch ist, sich einmal vom Würfel lösen zu dürfen.

Diesen Wunsch kann Ihr Kind erfüllen!

Spiel:
Das Kind würfelt und legt das Bild der gewürfelten Augenzahl mit Steinchen auf den Tisch. Dann nennt es die Zahl und sucht das Zahlenkärtchen, auf dem die Zahl abgebildet ist.

Altersgruppe: **Ort:** **Material:**

Perlenschnur

Zielgruppe:
Kindergartenkinder und Erstklässler

Ort:
Überall, wo die Perlenschnur dabei ist.

Die Geschichte zum Spiel:
In einer hübschen Pappschachtel lebten hunderte bunter Holzperlen und einige wenige Schnüre. Am Tag kamen oft Kinder, die die Schnüre mit den bunten Holzperlen schmückten. Den Fäden gefiel das gut. Nur bei den Perlen gab es Aufruhr, weil die befreundeten Holzperlen oft nicht nebeneinander aufgefädelt wurden. Eines Nachts beschlossen 10 befreundete Holzperlen, sich selbst auf einen schönen Faden zu fädeln und dicke Knoten an sein Ende zu machen, damit sie für immer zusammenbleiben könnten. Als nun wieder die Kinder kamen und 3 Perlen in die Hand nahmen, riefen die anderen: „Wir 7 sind auch dabei!"

Hört Ihr Kind die Perlen rufen? Wie viele Perlen rufen: „Wir sind auch dabei!", wenn Ihr Kind 1, 2, 3, 4, 5 ,6 ,7 ,8 oder 9 Perlen der Perlenschnur in der Hand hält?

Spiel:
Geben Sie Ihrem Kind die Perlenschnur in die Hand und zählen Sie am Anfang gemeinsam die Perlen. Schieben Sie die Perlen an einer beliebigen Stelle auseinander. Auf diese Weise entstehen zwei Mengen von Perlen, deren Summe immer 10 ergibt. Fragen Sie Ihr Kind, was die Perlen rufen würden, wenn es die eine oder die andere Seite mit Perlen in die Hand nimmt.

Material:
Eine Perlenschnur wie aus dem Kapitel Bastelecke

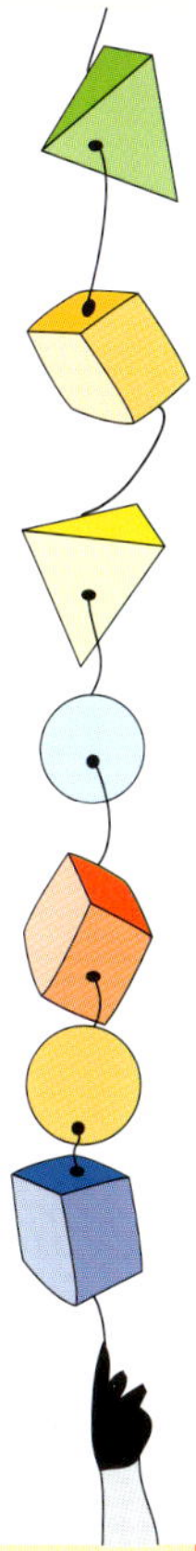

Altersgruppe:

Ort:

Material:

Die Uhren gehen rechtsherum

Material:
Straßenkreide oder Zahlenkärtchen aus der Tasche im Anhang

Zielgruppe:
Alle Kinder, die sich für die Uhr interessieren

Ort:
Überall, wo genügend Platz zum Hüpfen ist

Die Geschichte zum Spiel:
Vor langer Zeit verbrachten die Kinder im Flinkenland ihre Zeit am liebsten mit Wettkämpfen, in denen sie ihre Geschicklichkeit und ihre Kräfte maßen. Sie hatten jedoch keine Idee, wie Sie die Zeit bestimmen könnten. So fragten sie den klugen Himmelsgucker um Rat. Der brachte ihnen kurze Zeit später eine kleine tickende Scheibe mit 12 Kerben und Zahlen darauf. Auf dieser Scheibe drehten sich 2 Zeiger unterschiedlich schnell um die Mitte der Scheibe. Der Himmelsgucker hatte den Kindern ihre erste Uhr geschenkt

Spiel:
Malen Sie die Uhrzeiten 1 bis 12 Uhr in einem kleinen Kreis auf die Erde oder legen Sie die Zahlenkärtchen in entsprechender Anordnung auf den Boden.

Stufe 1:
Der Himmelsgucker fragt die Kinder aus dem Flinkenland, ob sie schon bis 12 zählen können. Die 12 Kerben am Rand der Scheibe geben die 12 Stunden an. Bitten Sie Ihr Kind, den Kindern aus dem Flinkenland die vollen Stunden zu nennen und im Uhrzeigersinn auf die Uhrzeiten zu hüpfen.

Altersgruppe:

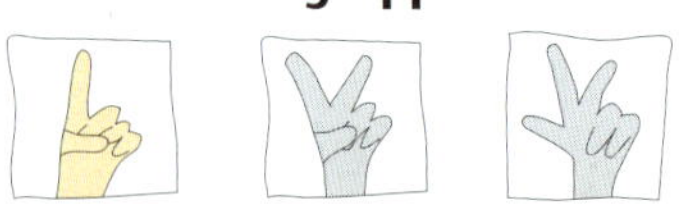

Ort:

Material:

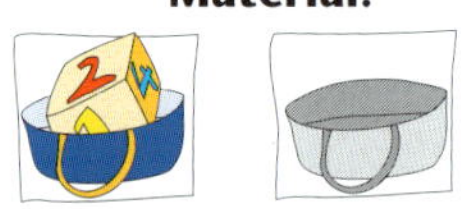

Stufe 2:
Das Kind spielt Stundenzeiger. Achtung! Der Stundenzeiger darf sich nur nach rechts drehen! Nennen Sie eine Uhrzeit (zunächst 1 bis 12 Uhr), und das Kind dreht sich mit gestrecktem Arm, bis es auf die richtige Uhrzeit zeigt. Nach und nach können Sie die Zahlen durch Punkte oder Striche ersetzen, bis am Ende nur noch die 12 als einzige Zahl angegeben wird.

Stufe 3:
Schon bald merken die Kinder aus dem Flinkenland, dass die 12 Stunden am Tag vergehen. Gibt es in der Nacht etwa keine Zeit? Doch natürlich! Von einem Tag zum anderen dreht sich der kleine Zeiger zweimal. Deshalb sagen wir, ein Tag hat 24 Stunden. Streng genommen müsste es heißen: ein Tag und eine Nacht haben zusammen 24 Stunden.

Bitten Sie Ihr Kind, zweimal um das aufgemalte Ziffernblatt zu hüpfen und bis 24 zu zählen. Nennen Sie danach eine Uhrzeit, zum Beispiel 3 Uhr. Ihr Kind dreht sich wieder als Stundenzeiger, bis es auf die richtige Uhrzeit zeigt. Dann nennt es die Rechnung für die Angabe der Tages- oder Nachtzeit. In unserem Beispiel heißt es dann: „3 Uhr und 12 Stunden weiter ist 15 Uhr“. Zur Ermittlung der Tages- und Nachtzeiten wird bei den Uhrzeiten 1 bis 12 Uhr plus 12 Stunden und bei den Uhrzeiten 13 bis 24 Uhr minus 12 Stunden gerechnet.

Vielleicht können Sie Ihr Kind dazu begeistern, mit Ihnen ein kleines Plakat (Größe DIN A4 ist schon ausreichend) mit dem hier gezeigten Motiv zu gestalten.

Mugelsteine

Material:
10 Steinchen und Zettelchen mit den Zehner-Zahlen 10 bis 100

Zielgruppe:
Kinder, die den Zahlenraum bis 100 erobern wollen.

Ort:
Kann im Sitzen und im Stehen gespielt werden.

Die Geschichte zum Spiel:
Vor langer, langer Zeit zählten die Mugel im Mugelland mit Händen und Füßen. Mit den Händen konnten sie bis 10 zählen. Wenn sie die Füße dazunahmen, bis 20. Doch als ihre Felder, Herden und Schätze immer größer wurden, reichte die Zahl 20 nicht mehr aus. Eines Tages saß ein sehr reicher Mugel auf seinem Berg und überlegte, wie er wohl all seine vielen Schafe zählen könnte. Während er überlegte und grübelte, spielte er nebenbei mit einem großen Mugelstein. Und als die Sonne ihn blendete, verdeckte er mit der Hand, in der er den Mugelstein hielt, die Sonne. Da bemerkte er, dass sich hinter dem Mugelstein gerade genau 10 Schafe versteckten. So kam er auf die glorreiche Idee, für 10 Schafe einen Mugelstein abzulegen. Jetzt hatte er wieder seine 10 Finger frei und konnte weiterzählen. Noch am gleichen Abend konnte der Mugel alle seine Schafe zählen und kam auf die stattliche Anzahl von 99 Schafen.

Spiel:
Bis heute zählen die Mugel ihre Schätze. Vielleicht kann Ihr Kind helfen, damit die Mugel endlich fertig werden? Legen Sie dazu die Zettelchen mit den Zehner-Zahlen vor Ihr Kind.

Altersgruppe: **Ort:** **Material:**

Stufe 1:
Zählen Sie mit Ihrem Kind so weit, wie Ihr Kind möchte. Das Zählen sollte nach folgendem Schema ablaufen: Zählen Sie von 1 bis 10 an den Fingern. Bei der 10 angelangt, bitten Sie Ihr Kind, ein Steinchen zu dem Zettelchen mit der Zahl 10 zu legen. Die Zahl 10 bedeutet: 1 Mugelstein und 0 Finger. Bis zur nächsten Zehner-Zahl wird wieder mit den Fingern gezählt. Für die 20 wird ein Steinchen zu dem Zettelchen mit der 20 gelegt. Die Zahl 20 bedeutet: 2 Mugelsteine und 0 Finger. Und weiter geht es, wenn Ihr Kind Lust hat, bis zur 100. Dann sind alle 10 Steinchen aufgebraucht und der Mugel wird sich was Neues einfallen lassen müssen.

Stufe 2:
Zählen Sie mit Ihrem Kind nur in 10er-Schritten: 10, 20, 30 und so weiter. Legen Sie die Zettelchen mit den Zehner-Zahlen vor Ihr Kind und bitten Sie es, für jede Zehner-Zahl ein Steinchen zu der genannten Zahl abzulegen.

Stufe 3:
Stellen Sie eine beliebige Zahl mit Steinchen und Fingern dar. Bitten Sie Ihr Kind, die Zahl zu nennen. Auch der umgekehrte Weg macht Spaß, Sie nennen die Zahl und Ihr Kind stellt die Zahl dar.

Schlauberger

Material:
30 Steinchen (bei Bedarf auch mehr), je 2 Zahlenkärtchen von 1, 2, 3, 4, 5, 6, 7, 8, 9, und ein Zahlenkärtchen mit der 0

Zielgruppe:
Alle Kinder, die den Zahlenraum bis 100 erschließen wollen.

Ort:
Am besten auf dem Boden

Die Geschichte zum Spiel:
Die Schlauberger hatten nun von den Mugeln das Zählen gelernt. Da sie aber schon lange Papier und Bleistift kannten, wollten sie die Zahlen auch aufschreiben können. So dachten sie sich für jede Zahl ein eigenes Zeichen aus. Doch als sie sich 21 Zeichen ausgedacht hatten, fiel ihnen nichts mehr ein, obwohl sie doch viel, viel weiter zählen konnten! Sie waren sehr traurig. Zum Glück erinnerte sich der Ober-Schlauberger an die Geschichte mit den Mugelsteinen. Mit 10 Fingern und 10 Mugelsteinen konnten die Mugel doch bis 100 zählen! Sie brauchten also nur 10 Zeichen. So suchten sich die Schlauberger die 10 schönsten Zeichen heraus. Sie entschieden sich für die 1, 2, 3, 4, 5, 6, 7, 8, 9 und für die 0. Dann gab der Ober-Schlauberger Anweisung, alles, was zu zählen war, in 10er-Päckchen zu ordnen und den Rest auf die Seite zu legen. Auf einem Blatt Papier wurde die Anzahl der 10er-Päckchen aufgeschrieben und auf einem anderen Papier die Anzahl der restlichen Teile. Es dauerte nicht lange, und sie schrieben die Zahlen nicht mehr auf 2 Blätter, sondern auf ein Papier nebeneinander. An erster Stelle die Anzahl der 10er-Päckchen und an zweiter Stelle die Anzahl der restlichen Teile.

Spiel:
Spielen Sie mit Ihrem Kind Schlauberger! Legen Sie dazu eine Anzahl (größer 10) von Steinchen auf den Tisch und lassen Sie Ihr Kind die Steinchen in Zehnergruppen und in einen Rest ordnen. Bitten Sie Ihr Kind, die Anzahl der 10er-Päckchen zu bestimmen, die Zahl auf den Zahlenkärtchen zu suchen und das Kärtchen vor sich abzulegen. Rechts daneben wird das Zahlenkärtchen gelegt, das die Restanzahl der Steinchen angibt. Dann liest das Kind die Zahl laut vor. Wie heißt die Zahl, wenn die beiden Ziffern vertauscht werden? Wie müssen für die neue Zahl die Steinchen umgeordnet werden?

Altersgruppe:

Ort:

Material:

Bücherwurm

Zielgruppe:
Alle Kinder, die den Zahlenraum bis 100 erschließen wollen.

Ort:
Am besten auf dem Boden

Material:
Längenmaße aus dem Kapitel Bastelecke und Zettel mit zweistelligen Zahlen. Schreiben Sie die Ziffern gut 1 cm breit, sodass über jeder Ziffer eine Spalte für die Längenmaße entstehen kann.

Die Geschichte zum Spiel:
Die Schulkinder aus Buchhausen liebten ihre Schulbücher über alles. Das hatte natürlich seinen Grund! In jedem Schulbuch lebte ein überaus liebenswürdiger Bücherwurm. In jeder Situation waren die Bücherwürmer für die Kinder da. Sie munterten traurige Kinder auf, malten Bilder und erklärten, wenn ein Kind etwas nicht verstand. Auch als die Schulkinder die Stellenwerte von Zahlen durchnahmen, waren die witzigen Würmchen zur Stelle. Die Kinder wollten gerne die Größe von Zehnern und Einern vergleichen.

Doch kein Mathematikbuch war groß genug, um Zehner und Einer von zweistelligen Zahlen in die gleiche Richtung aneinander malen zu können. Deshalb knabberten die witzigen Würmchen alle Zehner- und Einer-Stäbchen aus den Büchern heraus. Nun konnten die Kinder endlich die Stäbchen aneinanderlegen. Sie waren ganz erstaunt, wie groß manche Zahlen waren. Wie groß der Unterschied von zum Beispiel 8 Zehnern und 8 Einern ist, das würden die Kinder aus Buchhausen auch gerne Ihrem Kind zeigen.

Spiel:
Mit den Längenmaßen können alle zweistelligen Zahlen maßstabsgetreu abgebildet und für Ihr Kind erfahrbar werden. Legen Sie einen Zettel mit einer zweistelligen Zahl vor Ihr Kind und bitten Sie es, die Zahl mit den Längenmaßen darzustellen. Achten Sie bitte darauf, dass die Zehner-Längenmaße über der Zehner-Ziffer und die Einer-Längenmaße über der Einer-Ziffer senkrecht aufgereiht werden.

Bitten Sie Ihr Kind, die Zahl vorzulesen.

Auch die umgekehrte Aufgabenstellung ist möglich: Legen Sie mit den Längenmaßen eine zweistellige Zahl und bitten Sie Ihr Kind, die dazugehörige Zahl zu nennen.

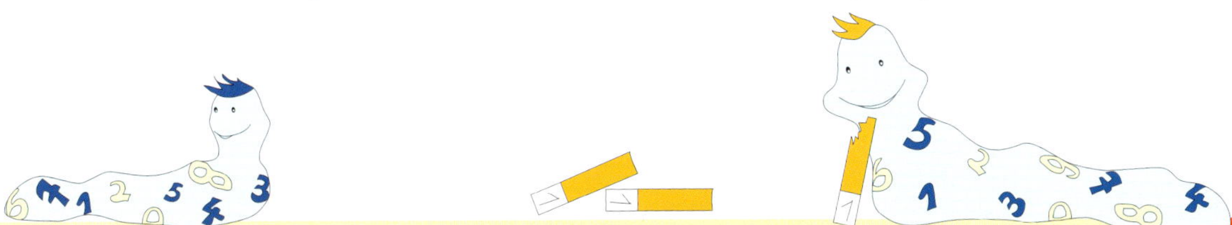

Altersgruppe: **Ort:** **Material:**

Ein Hut, ein Stock, ein Regenschirm

Zielgruppe:
Kindergartenkinder und muntere Spaziergänger

Ort:
Dieses Spiel ist bei Spaziergängen für Kinder eine oft willkommene Abwechslung.

Zum Spiel:
Folgender Text muss bekannt sein:

„1, 2, 3, 4, 5, 6, 7, 8, 9, 10,
ein Hut, ein Stock, ein Regenschirm
und vorwärts, rückwärts, seitwärts, rein
und Hacke, Spitze, hoch das Bein."

Spiel:
Besonderen Spaß macht dieser Vers, wenn sich alle, die mitmachen, in einer Reihe aufstellen. Dann wird losmarschiert und es werden die ersten beiden Zeilen bis „Regenschirm" gesprochen. Das Sprechtempo und der Laufrhythmus sollten dabei aufeinander abgestimmt sein.

Während der Zeile „und vorwärts, rückwärts, seitwärts, rein" bleiben alle auf dem Standbein stehen und tippen mit dem freien Fuß nach vorne, hinten, zur Seite und neben das Standbein. Zum Abschluss wird die Ferse auf den Boden gesetzt, Schwung geholt und das Bein nach oben geworfen *„... und Hacke, Spitze, hoch das Bein."*

Jetzt geht es wieder von vorne los *„1, 2, 3 ..."*

Altersgruppe:

Ort:

Material:

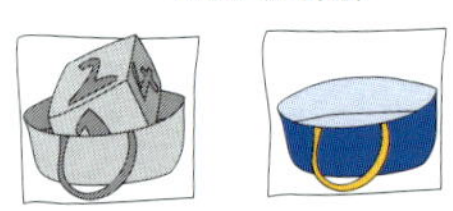

Abzählreime

Zielgruppe:
Kindergartenkinder, die sich für Zahlenbegriffe interessieren.

Ort:
Überall. Die Reime machen den Kindern auch zu zweit Spaß.

Text 1:

1, 2, 3,
Butter in den Brei,
Salz auf den Speck,
du musst weg!

Text 2:

Eine kleine Dickmadam
Fuhr einst mit der Eisenbahn.
Eisenbahn die krachte,
Dickmadam die lachte.
1, 2, 3,
du bist frei!

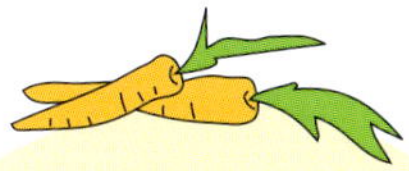

Text 3:

1, 2, 3, 4, 5 6, 7
eine alte Frau kocht Rüben,
eine alte Frau kocht Speck -
und du bist weg!

Text 4:

1, 2, 3,
du bist frei,
4, 5, 6,
bist 'ne Hex,
7, 8, 9,
du musst's sein !

Altersgruppe:

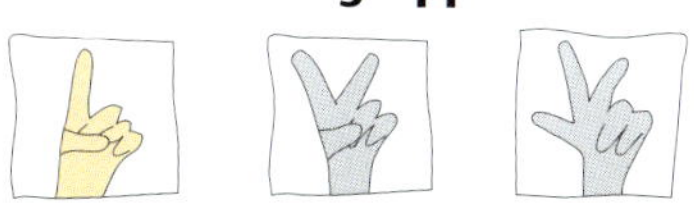

Ort:

Material:

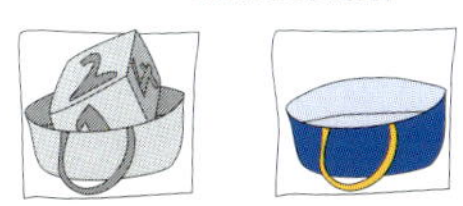

Verschnaufpause

Material:
Eine Schnur oder ein Seil von ca. 2,50 m Länge und für das Spiel draußen Straßenkreide

Zielgruppe:
Für alle Hüpffreudigen, die sich auf das kleine Einmaleins vorbereiten wollen.

Ort:
Überall dort, wo gehüpft werden kann und darf.

Die Geschichte zum Spiel:
Hüpfen ist gesund, doch auch anstrengend. So dachten die Kinder aus der Sonnenwinkelwiesenstraße und ruhten sich immer nach der gleichen Anzahl von Sprüngen aus. Kinder, die noch nicht so sehr geübt waren, zählten nur 2 Sprünge und machten dann eine kleine Verschnaufpause, bevor sie weitersprangen.
Das hörte sich so an: „ 1, 2 (Pause), 3, 4, (Pause), 5, 6 (Pause)“ und so weiter. Andere Kinder konnten aber schon im Dreier- und Vierertakt hüpfen.

In welchem Takt kann Ihr Kind hüpfen?

Spiel:
Für den Zweiertakt wird einfach von Ende zu Ende eines Striches gehüpft. Für den Dreier- und Vierertakt werden ein Dreieck und ein Viereck vorgegeben. Der Takt wird erzeugt, indem nach jeder Hüpfrunde eine kleine Pause eingelegt wird. Die Figuren werden mit dem Seil oder der Straßenkreide vorgegeben. Geübte Kinder können auch ohne die Vorgabe der Formen im Rhythmus hüpfen.

Altersgruppe: **Ort:** **Material:**

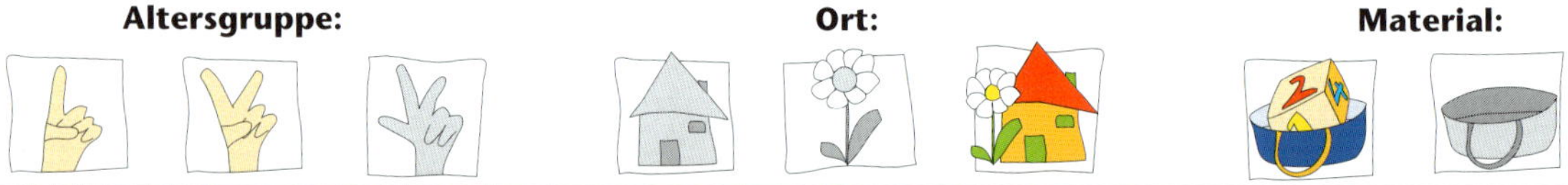

Hüpfen im Zweiertakt:
Das Kind springt von einem Ende einer Linie zum anderen. Jeder Sprung wird gezählt und nach jedem zweiten Sprung eine kleine Pause eingelegt. Dadurch ergibt sich folgender Zählrhythmus: 1, 2 (Pause), 3, 4 (Pause), 5, 6 (Pause) ...

Hüpfen im Dreiertakt:
Das Kind hüpft reihum von Ecke zu Ecke, zählt dabei jeden Sprung und macht nach jeder Runde eine kleine Pause. So ergibt sich folgender Zählrhythmus: 1, 2, 3 (Pause), 4, 5, 6 (Pause), 7, 8, 9 (Pause), ...

Hüpfen im Vierertakt:
Das Kind hüpft reihum von Ecke zu Ecke, zählt dabei jeden Sprung und macht nach jeder Runde eine kleine Pause. So ergibt sich folgender Zählrhythmus: 1, 2, 3, 4 (Pause), 5, 6, 7, 8 (Pause), 9, 10, 11, 12 (Pause)

Langbeine

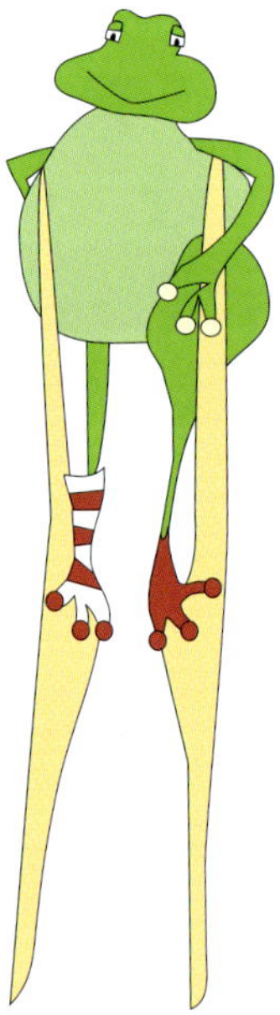

Zielgruppe:
Für Kinder bis zur 2. Klasse

Ort:
Überall, wo genügend Platz für ein paar Schritte ist.

Die Geschichte zum Spiel:
Die Langbeine sind ein seltsames Völkchen. Den ganzen Tag über tun sie nichts anderes, als ihre Beine zu hegen und zu pflegen. Jeder Langbeiner möchte die längsten und schönsten Beine haben, um beim großen Langbeinrennen, das einmal im Jahr stattfindet, zu gewinnen. Das Rennen findet in einer riesigen Arena statt, die mit großen Steinen ausgelegt ist. Die Regeln besagen, dass jeder Fuß immer als Ganzes auf einem Stein stehen muss. So kommt es bei dem Rennen nicht nur auf Geschwindigkeit, sondern auch auf Geschicklichkeit an. Meistens gewinnen die Läufer, die die größten Schritte machen können. Das letzte Rennen ging über 200 Steine hinweg. Der beste Läufer sprang auf jeden 5. Stein und brauchte somit nur 40 Schritte. Der letzte Läufer, der ins Ziel kam, konnte nur auf jeden 2. Stein gehen und musste 100 Schritte machen.

Altersgruppe: **Ort:** **Material:**

Spiel:
Wie große Schritte kann Ihr Kind machen? Bitten Sie Ihr Kind, einen Langbeiner zu spielen und über 20 Steine zu laufen. Wie viele Schritte braucht Ihr Kind, wenn es einmal auf jeden zweiten und ein anderes Mal auf jeden vierten Stein tritt? Zum Ausprobieren darf Ihr Kind, wie die Langbeiner, große Schritte machen und bei jedem Schritt die jeweilige Zahl nennen: 2, 4, 6, 8, 10, 12, 14, 16, 18, 20 oder 4, 8, 12, 16, 20.

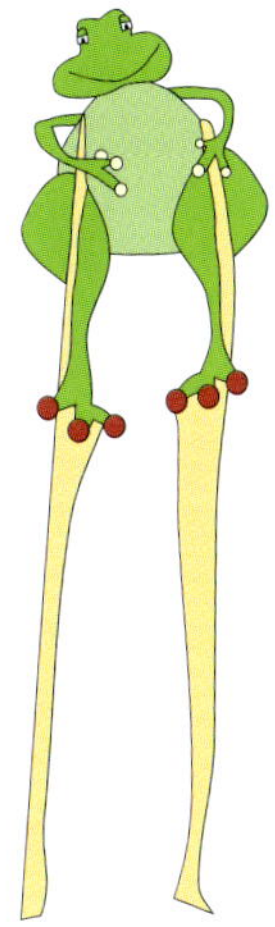

Wie viele Schritte braucht Ihr Kind, wenn es in 3er und 5er Schritten bis zur 30 zählt?

Nachbarzahlen

Material:
Zahlenkärtchen aus der Tasche im Anhang (2, 4, 6, 8 und 10 in orange und 1, 2 x 3, 2 x 5, 2 x 7, 2 x 9 und 11 in blau)

Zielgruppe:
Kinder aus der 1. und 2. Klasse

Ort:
Drinnen mit Zahlenkärtchen oder draußen mit auf die Erde geschriebenen Zahlen

Die Geschichte zum Spiel:
Zur Zeit, als die Zahlen im Zahlenland entdeckt wurden, waren sie noch ein ungeordneter großer Haufen. Die Zahlen kannten zwar ihren Namen, aber keine Zahl wusste, wie sie aussah und wo sie wohnte. Da nahm sich ein Zahlenmeister der Zahlen an. Als Erstes ordnete er sie und zeigte ihnen dann, wie sie aussahen und wo sie wohnen sollten. Der Zahlenmeister schenkte jeder Zahl ein Bild von sich. Dann nahm er die orangenen Zahlen 2, 4, 6, 8, und 10 und legte sie in eine Reihe übereinander. Jede orangene Zahl bekam 2 blaue Nachbarn.

Spiel:
Die Karten werden, wie in der Skizze auf der gegenüberliegenden Seite zu sehen, auf den Boden gelegt oder die Zahlen mit Straßenkreide auf den Hof bzw. auf die Straße gemalt. Damit das Kind jede Zahl lesen kann, soll es vor jede Zahlenreihe hüpfen können. Deshalb sollte der Reihenabstand ca. 1 bis 2 Fuß breit sein.

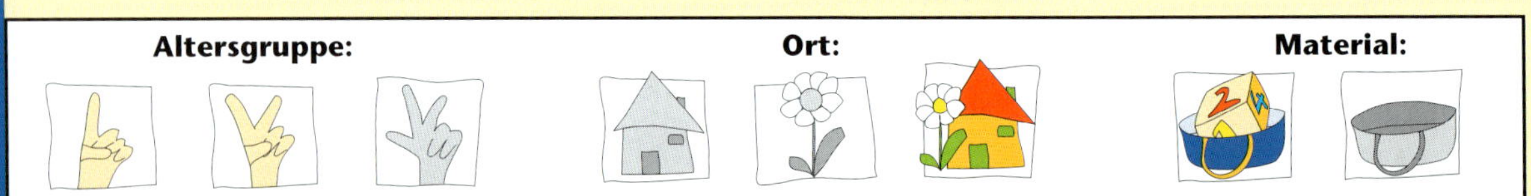

Stufe 1:

Das Kind hüpft vor die Zahlen und nennt diese wie folgt:

- mit beiden Beinen vor die (gerade Zahl) 2: „Zwei"
- in die Grätsche vor 1 und 3
  (kleinere und größere Nachbarzahl): „Eins, Drei"
- mit beiden Füßen vor die (gerade Zahl) 4: „Vier"
- in die Grätsche vor die 3 und 5
  (kleinere und größere Nachbarzahl): „Drei, fünf" usw.

Stufe 2:

Nehmen Sie die innere Reihe der Karten bzw. Zahlen weg. Die Hüpf- und Sprechweise bleibt die gleiche. Das Kind muss also die weggenommenen Karten in seiner Vorstellung ergänzen.

Als 2. Variante nehmen Sie die beiden äußeren Reihen weg und lassen nur die geraden Zahlen liegen. Wieder bleibt die Hüpf- und Sprechweise die gleiche. Diesmal ergänzt Ihr Kind die Nachbarzahlen der geraden Zahlen.

Wer sitzt neben mir?

Zielgruppe:
Kinder aus der 1. Klasse und alle Kinder aus der Vorschule, die mehr möchten als zählen. Im Zahlenraum bis 1000 können auch Kinder der höheren Klassen gefordert werden.

Ort:
Überall

Die Geschichte zum Spiel:
Keiner weiß warum, aber der Strom ist ausgefallen und in der Zahlenschule ist es ganz dunkel geworden. Die Zahlen finden nicht mehr an ihre Plätze zurück. Kann Ihr Kind helfen? Die Zahlen suchen ihre Nachbarn, jeweils den kleineren und den größeren.

Spiel:
Beginnen Sie das Spiel im Zahlenraum bis 10. Später erweitern Sie den Zahlenraum nach Bedarf. Wählen Sie eine Zahl aus. Ihr Kind kann dieser Zahl helfen, indem es die beiden Nachbarzahlen nennt, erst die kleinere und dann die größere. Um das Spiel anspruchsvoller zu gestalten, können Sie auch nach dem übernächsten oder drittnächsten Nachbarn fragen.

Altersgruppe:

Ort:

Material:

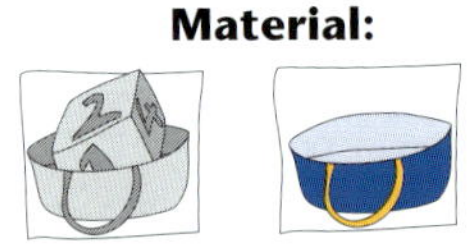

Orgelpfeifen

Zielgruppe:
Kinder aus der 1. und 2. Klasse, die sich im Zahlenraum orientieren wollen.

Ort:
Am Tisch oder auf dem Boden

Die Geschichte zum Spiel:
Heute haben die Zahlen in der Zahlenschule Sport. Der Sportlehrer spielt mit den Zahlen „Orgelpfeifen". Dafür teilt er sie in kleine Gruppen ein, die im Wettkampf gegeneinander antreten sollen. Auf das Kommando: „Auf die Plätze fertig los!" stellen sich die Zahlen, wie die Orgelpfeifen, der Größe nach auf.

Spiel:
Beschriften Sie mindesten 30 Zettelchen mit beliebigen Zahlen, die nicht unmittelbare Nachbarn sind.

Legen Sie alle Zettelchen verdeckt auf den Tisch. Ihr Kind zieht am Anfang 3 später bis zu 5 Kärtchen und ordnet diese der Größe nach. Vielleicht können Sie den Sportsgeist Ihres Kindes wecken, wenn Sie mit einer Stoppuhr die Zeit messen, die es zum Ordnen der Zahlen braucht?

Material:
30 kleine Zettelchen mit Zahlen aus dem Zahlenraum, den Ihr Kind gerade kennt oder erforscht.

Altersgruppe:

Ort:

Material:

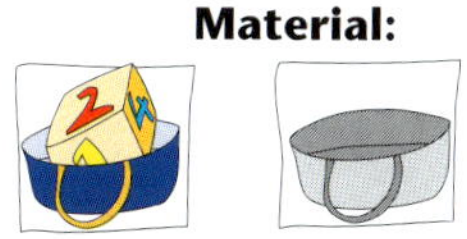

Die Ömer bauen Straßen

Material:
Für die unterschiedlichen Spielstufen wird eine verschiedene Anzahl von Zahlenkärtchen aus der Tasche im Anhang und Steinchen verwendet.

Stufe 1: Zahlenkärtchen 0 bis 5 in zweifacher Ausführung und 30 Steinchen.

Stufe 2: Zahlenkärtchen 1 bis 10 in einfacher Ausführung und 65 Steinchen.

Zielgruppe:
Kinder aus der 1. Klasse und alle Kinder aus der Vorschule, die mit dem Rechnen beginnen möchten.

Ort:
Auf dem Boden oder am Tisch

Die Geschichte zum Spiel:
Vor vielen 100 Jahren kam das Volk der Ömer auf die Idee, die staubigen und sandigen Straßen mit Steinen zu belegen. Sie nahmen Steine, die ähnlich aussahen wie Würfel, und belegten ihre Straßen damit. Doch oh weh! Als der erste Pferdewagen darüberfahren sollte, konnten die Pferde kaum laufen und der Wagen wackelte und schaukelte, bis er schließlich umfiel. Was war geschehen? Die schlaue Frau des Stadthalters hatte alles vorher kommen sehen. Sie sagte ihrem Mann: „Die Steine sind ja alle unterschiedlich hoch. Um das Holtern und Poltern abzustellen, lass alle Steine, die kleiner als 5 öm sind, durch einen zweiten Stein ergänzen. Der erste und der zweite Stein müssen dann zusammen genau 5 öm hoch sein."

So tat der Stadthalter das, was seine kluge Frau ihm geraten hatte. Und tatsächlich, die Ömer bauten seitdem die schönsten und schnellsten Straßen im ganzen Land!

Altersgruppe:

Ort:

Material:

Spiel:
Legen Sie die Kärtchen wie in den nachfolgenden Spielstufen beschrieben auf den Boden. Die auf dem Schild schwarz dargestellten Zahlenkärtchen können in beliebiger Reihenfolge liegen.

Stufe 1:
Die Zahlen der Kärtchenreihe sollen bis zur Zahl 5 ergänzt werden. Dazu nimmt das Kind die entsprechende Anzahl von Steinchen und legt sie in einem Häufchen über die Zahl. Zum Beispiel, über die 2 werden 3 Steine gelegt, über die 1 4 Steine usw.

Stufe 2:
Die Zahlen der Kärtchenreihe werden wieder mit Steinchen ergänzt, diesmal nach oben zur Zahl 10 und nach unten zur Zahl 5. Teilweise entstehen hierbei auch Minusaufgaben. Zum Beispiel wird die 9 nach oben zur Zahl 10 mit einem Steinchen ergänzt und nach unten zur Zahl 5 mit 4 Steinchen.

Löffeltheater Numero 9

Material:
9 kleine Löffel

Zielgruppe:
Kinder, die mit dem Zahlenraum bis 100 vertraut sind und die Bedeutung der Begriffe EINER und ZEHNER kennen.

Ort:
Auf dem Boden oder am Tisch

Die Geschichte zum Spiel:
Die schmucken Kaffeelöffel führen in der Schublade ein sehr beengtes Dasein. Doch wenn die Menschen schlafen gegangen sind, treffen sie sich von Zeit zu Zeit, um Theater zu spielen. Und weil regelmäßig einige Kaffeelöffel in der Spülmaschine eingesperrt sind, können an den Proben leider nie alle teilnehmen. Deshalb ist es üblich, dass jedes Löffelchen 2 Rollen übernimmt. Heute treffen sich nur 9 Löffel. Sie beschließen, für die Kinder ein Zahlenballett einzustudieren. Es sollen die Zahlen der 9er-Reihe vorgeführt werden. Dazu spielen sie Stellenwerte, und jedes Löffelchen muss einen Einer und einen Zehner als Rolle übernehmen. Als Einer machen die Kaffeelöffel einen Kopfstand und als Zehner stehen sie auf den Füßen.

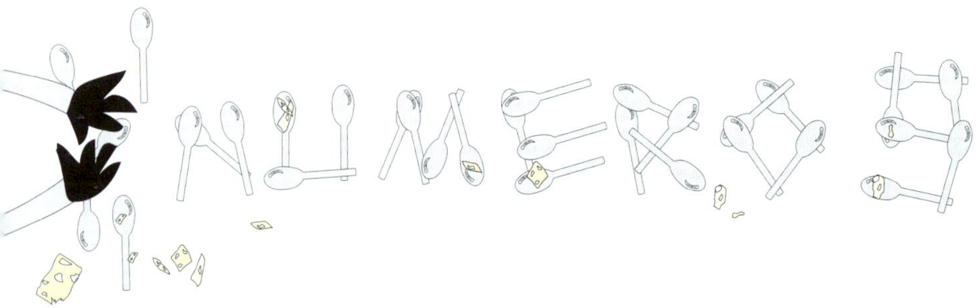

Altersgruppe: **Ort:** **Material:**

Spiel:
Zeigt ein Löffelstiel nach oben, macht das Löffelchen einen Kopfstand und wird als Einer gezählt. Zeigt der Stiel nach unten, steht das Löffelchen auf den Füßen und wird als Zehner gewertet.

Stufe 1:
Stellen Sie eine Zahl im Zahlenraum bis 90 mit Löffelchen dar und fragen Sie Ihr Kind, um welche Zahl es sich handelt. Oder umgekehrt: Nennen Sie Ihrem Kind verschiedene Zahlen im Zahlenraum bis 90 und bitten Sie es, die Zahl mit Löffelchen darzustellen.

Stufe 2:
Legen Sie mit Ihrem Kind die 9er-Reihe. Das Besondere an den Zahlen der 9er-Reihe ist, dass für die Darstellung jeder Zahl genau 9 Löffelchen gebraucht werden.

Stufe 3:
Die Anzahl der Zehner plus die Anzahl der Einer ergibt eine Zahl, die in der Mathematik Quersumme genannt wird. Für die Zahlen der 9er-Reihe bis 90, ist die Quersumme immer 9. Probieren Sie es mit Ihrem Kind aus! Stellen Sie auch andere Zahlen im Zahlenraum bis 90 mit den Löffelchen dar und bitten Sie Ihr Kind, die Quersumme zu berechnen.

Auf den Spuren der 2

Zielgruppe:
Kinder, die bis 10 zählen können.

Ort:
Überall

Die Geschichte zum Spiel:
Kluger Kopf und Scharfes Auge waren 2 Lehrer an der Indianerschule. Eines Tages schickten Sie ihre Schüler auf Spurensuche der Zahl 2. Wo hatte sich die Zahl 2 überall verborgen? Die Kinder fanden schon im Indianerdorf die ersten Spuren. Sie bemerkten, dass jeder Indianer eine Squaw hatte.

Kluger Kopf erklärte: „Wenn ein Krieger eine Squaw nimmt, leben sie zu zweit. Zwei Lebewesen oder Dinge, die zusammengehören, bilden ein Paar." Während der Lehrer sprach, schaute Leises Pfötchen ihn aufmerksam an und entdeckte mit einem Blick 7 weitere Spuren: Ein Paar Schuhe, ein Paar Beine, ein Paar Füße, ein Paar Arme, ein Paar Hände, ein Paar Ohren, ein Paar Augen.

Spiel:
Laden Sie Ihr Kind ebenfalls zu einer Spurensuche nach der Zahl 2 ein. Vielleicht finden Sie zusammen weitere Spuren wie zum Beispiel: Brautpaare, Socken, Kirschen, Ohrringe oder 2 Flügel von Fliegen oder Bienen, Käfern und so weiter.

Altersgruppe:

Ort:

Material:

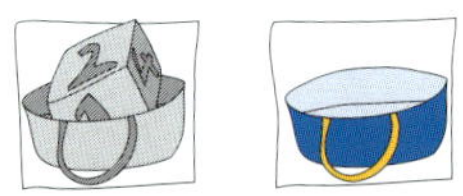

Stufe 1:
Auch unsere Finger sind paarweise angelegt. Wir haben 2 Daumen – legen Sie die Daumenkuppen aneinander und sprechen Sie: „1 Paar, 2 Finger", 2 Zeigefinger, legen Sie die Zeigefinger an den Kuppen zusammen und sprechen Sie: „2 Paar, 4 Finger", 2 Mittelfinger: „3 Paar, 6 Finger", 2 Ringfinger: „4 Paar, 8 Finger"und 2 kleine Finger: „5 Paar, 10 Finger".

Paarweises Zählen bedeutet in Zweierschritten zu zählen. Geübte Kinder können sich die Finger einer Hand als Pärchen vorstellen und so an einer Hand bis 10 zählen. Sie haben damit alle geraden Zahlen bis 10 genannt.

Stufe 2:
Überhaupt können wir viel schneller zählen, wenn wir mit dem Auge Dinge als Pärchen ordnen und dann gleich in Zweier-Schritten zählen. Helfen Sie Ihrem Kind, Dinge zu entdecken, die in Zweierschritten gezählt werden können. Unterwegs können das Menschen in Gruppen sein, Fenster in Häusern, Fliesen auf dem Boden oder an Wänden, in Geschäften die Artikel in den Regalen, Bücher, Münzen, Steine und vieles mehr.

Bohnenfest

Material:
Ca. 30 getrocknete Bohnen oder Steinchen.

Zielgruppe:
Kinder, die die Zahlen bis 100 benennen können.

Ort:
Am Tisch oder auf dem Boden

Die Geschichte zum Spiel:
Auf Schloss Topfenhopf findet heute Abend ein großer Ball statt. Von Pauken und Trompeten begleitet ziehen die Bohnenpaare in den großen, prächtig geschmückten Tanzsaal ein. Alle Teilnehmer strahlen beim Einzug über das ganze Gesicht.

Doch oh weh! Was ist denn da los? Als Letztes zieht eine einzelne Bohne ein. Sie hat wohl keinen Tanzpartner bekommen und sieht aus, als müsste sie gleich losheulen. Im letzten Augenblick rettet ein Gast die arme Bohne und stellt sich an ihre Seite. Da hat die Bohne gerade nochmal Glück gehabt. Sie wäre sehr unglücklich gewesen, wenn die Anzahl der Tänzer ungerade geblieben wäre.

Spiel:
In diesem Spiel geht es um die Frage: Wie erkenne ich, ob eine Zahl gerade oder ungerade ist? Die Zahlen werden durch die Anzahl von Bohnen veranschaulicht. Können alle Bohnen als Pärchen gelegt werden, so ist die Zahl gerade. Bleibt eine Bohne übrig, so ist die Zahl ungerade.

Altersgruppe: **Ort:** **Material:**

Stufe 1:
Geben Sie Ihrem Kind 1 bis 10 Bohnen und bitten Sie es, deren Anzahl zu bestimmen und dann die Bohnen in Pärchen anzuordnen. Ist die Anzahl der Bohnen gerade oder ungerade? Erhöhen Sie die Anzahl der Bohnen bis 30.

Stufe 2:
Kann Ihr Kind jetzt auch eine Zahl bis 100 als gerade oder ungerade bestimmen, ohne die entsprechende Anzahl von Bohnen als Pärchen zu legen? Jede Zahl, die eine 0, 2, 4, 6 oder 8 als Einer hat, ist eine gerade Zahl.

Stufe 3: Fragerunde für Geübte:
Geben Sie Ihrem Kind die 10 Bohnen, damit es die Lösung für folgende Fragen ausprobieren kann.

1. Wenn 2 gerade Zahlen zusammengezählt werden, ist das Ergebnis eine gerade oder eine ungerade Zahl? Beispiel: 2 + 6
2. Wenn eine gerade Zahl und eine ungerade Zahl zusammengezählt werden, ist das Ergebnis eine gerade oder eine ungerade Zahl? Beispiel: 2 + 7
3. Wenn 2 ungerade Zahlen zusammengezählt werden, ist das Ergebnis eine gerade oder eine ungerade Zahl? Beispiel: 3 + 5

Bohnenpolonaise

Material:
20 Bohnen oder Steinchen.

Zielgruppe:
Kinder, die die Zahlen bis 100 benennen können.

Ort:
Am Tisch oder auf dem Boden

Die Geschichte zum Spiel:
Als Höhepunkt auf dem Tanzfest in Schloss Topfenhopf gibt es eine Polonaise. Das ist ein Reihentanz, bei dem sich alle Tanzpaare hintereinander aufstellen. Als sich die Reihe von Tanzpaaren durch die Mitte des Saales schlängelt, teilt sich plötzlich die Schlange wie ein Reißverschluss, der sich öffnet. Am Ende stehen die Bohnenfrauen alle in einer Reihe und die Bohnenmänner in einer anderen Reihe. Die Paare wurden geteilt.

Spiel:
Geben Sie Ihrem Kind zum Beispiel 6 Bohnen in die Hand. Ihr Kind hat die Aufgabe, die Bohnen zu zählen und dann als Pärchen zu legen. Danach soll es die Doppelreihe wie einen Reißverschluss auseinanderschieben und die Anzahl der Bohnen in einer Reihe bestimmen.

In einer Reihe liegen nur halb so viele Bohnen wie in der Doppelreihe. Lassen Sie Ihr Kind einfach ausprobieren, was bei einer ungeraden Anzahl von Bohnen passiert. Ein Bohne bleibt übrig.

Formulieren Sie mit Ihrem Kind eine Art Lehrsatz, dass nur eine gerade Anzahl von Bohnen halbiert werden kann.

Altersgruppe:

Ort:

Material:

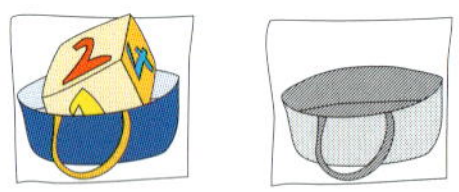

Fußstapfen

Zielgruppe:
Kinder aus Vorschule und 1. Klasse

Ort:
Zum Hüpfen wird genügend Raum, etwa so groß wie ein Korridor von 4 bis 5 m Länge, benötigt.

Die Geschichte zum Spiel:
Die Indianerkinder liebten es, auf Spurensuche zu gehen. Sie waren allerdings nicht immer mit vollem Ernst bei der Sache und machten gerne Blödsinn. Eines ihrer Lieblingsspiele war, im feuchten Waldboden, ihren eigenen Spuren zu folgen. Einmal legte Schneller Hase absichtlich eine Spur für die anderen Kinder, indem er abwechselnd auf einen Fuß und dann auf beide Füße sprang. Dazu zählte er die Sprünge, die er machte. Gerade, als er auf seine beiden Füße sprang und die Zahl 8 nannte, dachte er an das Spiel „Auf den Spuren der 2“. Ob die Zahl 8 wohl auch eine Spur der 2 war? Am Abend bestätigte ihm Kluger Kopf: „Wie die 2, sind auch die 4, die 6, die 8 und die 10 Spuren der 2. Sie werden gerade Zahlen genannt.“

Spiel:
Legen oder malen Sie die Fußstapfen und Zahlenkärtchen wie abgebildet auf die Erde. Ein Fuß wird neben eine ungerade Zahl, zwei Füße neben eine gerade Zahl gelegt. Das Kind hüpft wie abgebildet neben den Zahlen und Fußstapfen: mit einem Bein neben die 1 und sagt „Eins“, mit beiden Beinen neben die 2 und sagt „Zwei“ und so weiter.

Material:
Zahlenkärtchen 1 bis 10 aus der Tasche im Anhang und eventuell selbst gebastelte Fußstapfen aus dem Kapitel Bastelecke. Für das Spiel draußen kann mit Straßenkreide die Kontur von Füßen nachgezeichnet werden.

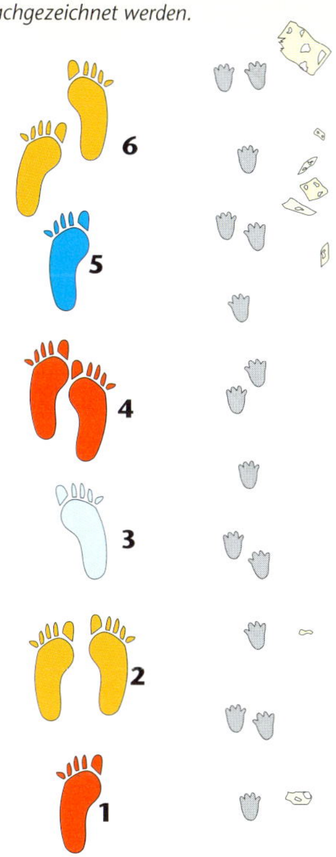

Altersgruppe:

Ort:

Material:

Ausverkauf

Material:
Ca. 20 Steinchen oder greifbares Material wie Knöpfe, Nudeln, Büroklammern etc. und ein Würfel.

Zielgruppe:
Kinder aus der 1. Klasse und alle Kinder aus der Vorschule, die mit Rechnen beginnen möchten.

Ort:
Am Tisch oder auf dem Boden

Die Geschichte zum Spiel:
Das große Kaufhaus in Kaugummisen soll renoviert werden. Um die vielen Regale ausräumen zu können, werden alle Kaugummis zum halben Preis angeboten. Viele Kinder aus der ganzen Umgebung strömen ins Kaufhaus, um sich mit Kaugummis einzudecken. Es ist viel zu viel los. Die Verkäufer brauchen unbedingt Hilfe. Hat Ihr Kind Lust, in die Rolle eines Verkäufers zu schlüpfen?

Spiel:
In welchem Zahlenraum rechnet Ihr Kind gerade? Stellen Sie die Anzahl von Steinchen bereit, die dem Zahlenraum Ihres Kindes entspricht.

Stufe 1:
Geben Sie Ihrem Kind zuerst Gelegenheit, die Steinchen in kleinen Gruppen oder in Pärchen zu ordnen und die Menge der Steinchen zu zählen.

Und schon geht der Ausverkauf los. Sie spielen ein Kind, das Kaugummis kaufen möchte, und Ihr Kind ist der Verkäufer. Kaufen Sie Mengen von 1 bis 5 Kaugummis ein. Nach jedem Kauf soll Ihr Kind die verbleibende Menge berechnen. Und so geht es weiter, bis alle Ware ausverkauft ist und das Kind bei der Null angelangt ist.

Stufe 2: Ausverkauf mit Würfel
Legen Sie 20 Teile oder mehr zum Ausverkauf bereit. Aber diesmal gibt es keinen Verkäufer. Sie und Ihr Kind spielen Kinder, die zum Einkaufen kommen. Dabei wird reihum gewürfelt. Jeder nimmt sich so viele Teile weg, wie er Augen gewürfelt hat und berechnet die verbleibende Anzahl von Steinchen (Kaugummis).

Altersgruppe:

Ort:

Material:

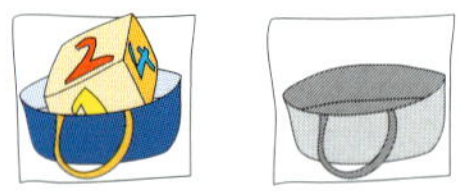

Kartenspieler

Material:

Ein Kartenspiel oder ca. 30 Steinchen und nach Möglichkeit 6 Schälchen

Zielgruppe:
Kinder bis zur 2. Grundschulklasse

Ort:
Am Tisch oder auf dem Boden

Zum Spiel:
Ein kleiner Junge sah fasziniert dem Kartenspiel von 3 Männern zu. Er wusste, der Kartenstapel bestand aus 52 Karten. Einer der Männer nahm 3 Karten vom Stapel. Wenn was weggenommen wird, dann kann man mit einer Minusaufgabe ausrechnen, was noch übrig bleibt. Der Junge rechnete: 52 – 3 = 49. Ein anderer Mann nahm fast den halben Stapel ab und begann, die Karten im Kreis auf 3 Häufchen zu verteilen. Der Junge wusste auch: Immer, wenn etwas verteilt wird, kann man mit einer Geteiltaufgabe ausrechnen, wie viele Stücke auf einem Häufchen liegen.

Spiel:
Zum Üben der Minusaufgaben legen Sie eine Menge von bis zu 15 Steinchen in ein Schälchen. Stellen Sie eine Minusaufgabe und bitten Sie Ihr Kind, die entsprechende Anzahl von Steinchen aus dem Schälchen herauszunehmen und die Aufgabe auszurechnen. (Aufgabenbeispiele: 4 – 2, 7 – 3, 13 – 5, 8 – 3, 10 – 6, 15 – 6, 9 – 4). Zeigen Sie Ihrem Kind anhand der Schälchen den Unterschied der Aufgaben 12 : 3 und 12 : 4. Für 12 : 3 werden die 12 Steinchen auf 3 Schälchen verteilt und für 12 : 4 werden die 12 Steinchen auf 4 Schälchen verteilt.

Hier einige weitere Aufgabenbeispiele:
9 : 3, 6 : 2, 6 : 3, 15 : 5, 15 : 3, 16 : 4 und 8 : 2. Das Ergebnis einer Geteiltaufgabe gibt an, wie viele Stücke in einem Stapel oder Häufchen liegen.

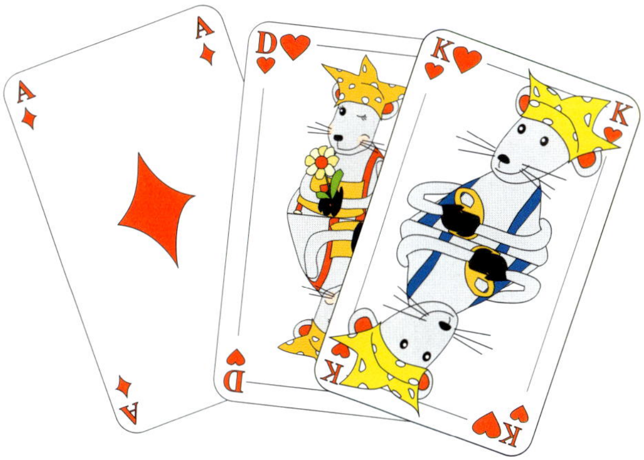

Altersgruppe:

Ort:

Material:

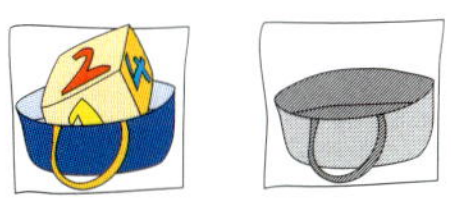

Reiseleiter

Zielgruppe:
Kinder aus der 1. Klasse und alle Kinder aus der Vorschule, die mit Rechnen beginnen möchten. Die Kinder sollten Mengen bis 10 auf Anhieb erkennen und benennen können.

Ort:
Überall, am besten, wo viele Kleinigkeiten zu beobachten sind, wie im Wartezimmer, in einer Schlange vor der Kasse im Supermarkt, im Restaurant, im Spielzimmer etc.

Die Geschichte zum Spiel:
Auf der Erde herrscht ein heilloses Durcheinander. Alle Gegenstände haben sich auf den Weg in die Ferien gemacht. Sie reisen zum Teil allein, zum Teil

Altersgruppe:

Ort:

Material:

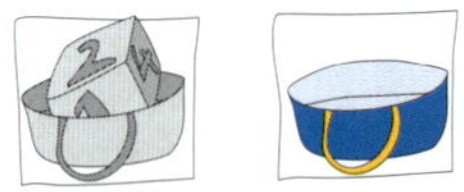

aber auch in kleinen oder größeren Gruppen. Damit kein Chaos entsteht, sollten alle gleichen Gegenstände zusammen in einem Bus, Zug oder Flugzeug reisen.

Vielleicht hat Ihr Kind Lust, die Rolle des Reiseleiters zu übernehmen? Wie groß sind die Gruppen von roten Bauklötzen, Flaschen, Gläsern, Besteck, Perlen? Es gibt viel zu tun, die Zeit ist knapp. Alle Dinge zu zählen würde zu lange dauern. Am schnellsten geht es, wenn die vielen Kleingruppen zusammengerechnet werden.

Spiel:
Beschließen Sie zusammen mir Ihrem Kind, welche Reisegruppe zuerst angeschaut werden soll. Nehmen wir zum Beispiel die Bausteine, die im Wartezimmer verteilt auf dem Boden liegen. Beginnen Sie mit einfachen Kombinationen: „Dort liegen 3 und dort 2 Bausteine, gibt zusammen 5. Hier nochmal 2 gibt 7 und dort nochmal 4 gibt 11.“

Was sich alles zusammenzählen lässt:

- Menschen in Autos
- gleiche Verkehrsschilder
- Fahrradfahrer
- Bücher und Zeitschriften
- alles, was vier Ecken hat
- alles, was rund ist
- alles, was die gleiche Farbe hat

Schüttelsäckchen

Material:
11 Steinchen, von denen sich eines farblich von allen anderen abhebt, eventuell Zettelchen mit Zahlen 5, 10, 15 und 20 und ein Waschlappen.

Zielgruppe:
Kinder aus der 1. Klasse und alle Kinder aus der Vorschule, die mit Rechnen beginnen möchten.

Ort:
Überall, wo man sitzen kann.

Die Geschichte zum Spiel:
Die Regenbogeninsel erhielt ihren Namen von einem Regenbogen, der Tag und Nacht über die Insel wachte. Er war wie eine Brücke über die Insel gespannt und tauchte die ganze Natur in schillernde Farben. Die Kinder der Regenbogeninsel liebten es, mit den bunten Steinen am Strand zu spielen. Manchmal kamen heimlich die Kinder von der Nachbarinsel. Auch sie wollten gerne mit den bunten Steinen spielen. Doch wenn sie ein Säckchen mit den schönen Steinchen füllten, um es mit auf ihre Insel zu nehmen, schüttelten die Steine das Säckchen so lange, bis alle bunten Steine der Regenbogeninsel wieder an ihrem geliebten Regenbogenstrand lagen. Die Lehrerin der Regenbogeninsel nutzte ein solches Schüttelsäckchen, um mit den Kindern zu rechnen. Sie suchte mit den Kindern einen schönen großen roten Stein und 10 kleine gelbe Steine. Sie erklärte: „Der große rote Stein steht für die Zahl 10. Jeder kleine gelbe Stein wird als Einer gezählt. Mit dem roten Stein und den 10 gelben Steinen, hat sich die Zahl 20 im Schüttelsäckchen versteckt.“ Sie füllte alle Steine in ein Säckchen, das sich zu schütteln begann und 4 gelbe Steine heraushüpften. „Welche Zahl versteckt sich jetzt im Säckchen?“ Die Kinder wussten es alle und riefen „16“. Kaum war die Antwort gerufen,

Altersgruppe:

Ort:

Material:

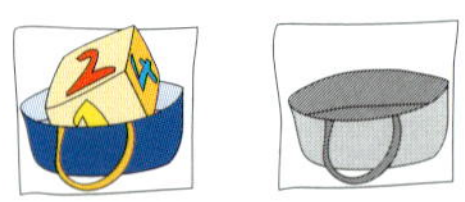

hüpften eilig auch schon die nächsten Steine heraus. Diesmal der rote und 2 gelbe Steine. Wieder errechneten die Kinder die Zahl im Säckchen. Das ging so weiter, bis alle Steine herausgehüpft waren.

Spiel:
Die 10 gleichen Steinchen gelten im Spiel als Einer. Das farblich abgesetzte Steinchen wird als Zehner gewertet. Mit der Menge an Steinchen können Sie den Zahlenraum festlegen, in dem Ihr Kind rechnen wird.

Zum Beispiel: mit 5 weißen Steinchen im Zahlenraum bis 5, mit 10 weißen Steinchen im Zahlenraum bis 10, mit einem roten und 5 weißen Steinchen im Zahlenraum bis 15 und schließlich mit einem roten und 10 weißen Steinchen im Zahlenraum bis 20.

Legen Sie mit Ihrem Kind zusammen fest, in welchem Zahlenraum gerechnet werden soll und füllen Sie dann die entsprechende Menge an Steinchen in den Waschlappen. Schon ist das Schüttelsäckchen fertig. Dann wird gut geschüttelt und das Kind darf in das Säckchen hineingreifen, um sich, ohne abzuzählen, einige Steinchen herauszunehmen. Es bestimmt die Zahl, die durch die herausgenommen Steinchen dargestellt wird, und errechnet dann die Zahl, die sich im Schüttelsäckchen versteckt. Ist das Ergebnis genannt, werden alle Steinchen aus dem Säckchen herausgeholt, um das Ergebnis zu überprüfen. Das Rechnen fällt Ihrem Kind eventuell leichter, wenn Sie ein Zahlenkärtchen oder Zettelchen hinlegen, auf dem die Zahl des verwendeten Zahlenraums steht.

Rechnen im Schlaraffenland

Material:
Zähl- und Rechentafel aus der Tasche im Anhang und Aufgabenzettel.

Zielgruppe:
Kinder aus der 1. Klasse und 2. Klasse

Ort:
Überall, wo die Zähl- und Rechentafel dabei ist.

Die Geschichte zum Spiel:
Das Schlaraffenland ist bekannt für bequeme Naschereien. Man muss einfach nur den Mund aufmachen und schon fliegt einem, was man sich gerade so als Nascherei und Lieblingsschmaus vorstellt, direkt in den offenen Mund. Doch auch die bequemen Schlaraffenländler wollten schlau sein und Mathematik lernen. Das aber nur zu bestimmten Bedingungen: Sie wollten keine Zahlen schreiben, und für ihr besseres Verständnis sollten die Zahlen als Einer und Zehner dargestellt werden können. Der Wunsch war so stark, dass er tatsächlich Gestalt annahm und als Rechentafel jedem Schlaraffenländler in den Schoß fiel. Auf der Rechentafel wurden die Einer durch Kästchen und die Zehner durch Streifen dargestellt. Dank der Rechentafel verstanden die Schlaraffenländler endlich, dass die 10 nicht durch 10 Einer, sondern durch 1 Zehner und 0 Einer dargestellt wird. Nun verbrachten sie ihre Essenspausen am liebsten mit Mathematikspielen.

Spiel:
Schneiden Sie kleine Zettel zurecht, auf denen Aufgaben geschrieben stehen. So muss sich Ihr Kind die Aufgaben nicht merken, sondern kann sich voll und ganz auf die Zähl- und Rechentafel konzentrieren. Vor dem Rechnen wird die komplette Tafel flach aufgeklappt, so dass nur noch die weiße Innenseite zu sehen ist. Die langen Streifen stehen für Zehner und zeigen nach oben, die Kästchen stehen für die Einer und zeigen nach rechts.

Altersgruppe:

Ort:

Material:

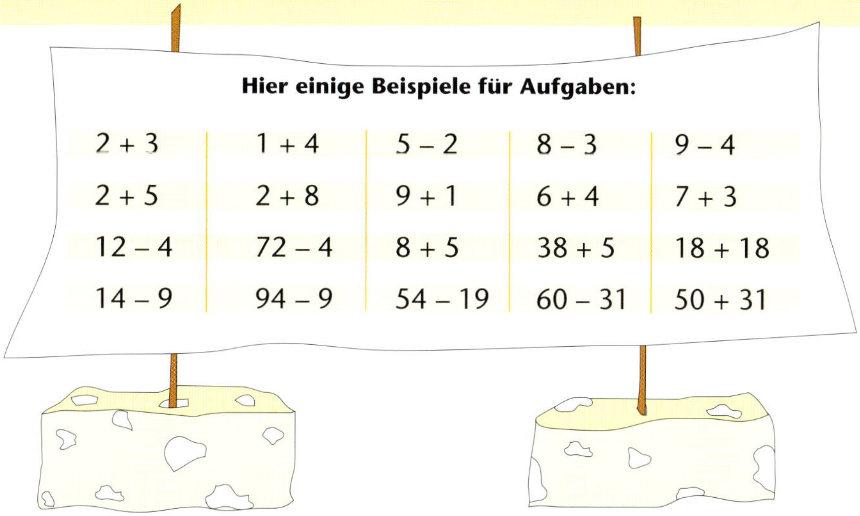

Hier einige Beispiele für Aufgaben:

2 + 3	1 + 4	5 – 2	8 – 3	9 – 4
2 + 5	2 + 8	9 + 1	6 + 4	7 + 3
12 – 4	72 – 4	8 + 5	38 + 5	18 + 18
14 – 9	94 – 9	54 – 19	60 – 31	50 + 31

Wie mit der Rechentafel gerechnet wird, üben wir zunächst an der einfachen Aufgabe 2 + 3. Ihr Kind klappt für die Zahl „2" 2 Einer-Kästchen mit den Ziffern 1 und 2 nach innen. Für + 3 werden die nächsten 3 Einer mit den Ziffern 3, 4 und 5 nach innen eingeklappt. Nun kann das Ergebnis von 2 + 3 auf dem obersten Kästchen abgelesen werden, nämlich: 5.

Der Zehnerübergang wird am Beispiel 18 + 4 erläutert: Für die Zahl 18 werden folgende Elemente nach innen geklappt: der erste Zehner-Streifen mit der 1 und 8 Einer-Kästchen mit den Ziffern 1bis 8. Für + 4 müssen nun 4 weitere Einer-Kästchen dazugeklappt werden. Es stehen aber nur noch 2 Kästchen zur Verfügung. Mit diesen letzten beiden Kästchen sind alle 10 Einer aufgebraucht. Da die Zahl 10 aber 1 Zehner und 0 Einer bedeutet, werden die 10 Einer-Kästchen gegen einen Zehner-Streifen eingetauscht (den nächsten Zehner mit der Ziffer 2 einklappen und alle Einer nach außen klappen). Damit können die restlichen 2 Einer-Kästchen mit den Ziffern 1 und 2 zugefügt und das Ergebnis von 22 abgelesen werden.

Jetzt noch ein Beispiel für eine Minusaufgabe: 31 – 5. Zunächst wird die Zahl 31 durch Einklappen der ersten 3 Zehner-Streifen (Ziffern 1 bis 3) und einem Einer-Kästchen (Ziffer 1) dargestellt. Für die Aufgabe minus 5 sollen nun 5 Einer-Kästchen nach außen geklappt (weggenommen) werden. Aber nur eines ist da! Dieses eine klappen Sie nach außen und tauschen anschließend den dritten Zehner-Streifen gegen alle 10 Einer-Kästchen ein. Jetzt können die restlichen 4 Einer abgezogen werden; aber Achtung: bei Minusaufgaben werden die Kästchen von oben nach unten weggeklappt, in diesem Fall von 0 bis 7.

Sammler und Jäger

Material:
6 Schälchen und ca. 30 Steinchen. Für unterwegs kann auch auf die Schälchen verzichtet werden.

Zielgruppe:
Kinder bis zur 2. Grundschulklasse.

Ort:
Am Tisch oder auf dem Boden und überall, wo kleine Steinchen verfügbar sind.

Die Geschichte zum Spiel:
Die Sammler und Jäger in den Höhen und Wäldern der Zahlengipfel waren an kurze Sommer und lange Winter gewöhnt. Die Frauen sammelten Früchte in kleinen Schälchen für den Wintervorrat, und die Männer gingen auf die Jagd. Jedes kleine Schälchen wurde von den Frauen in die Höhle gebracht. Je nach Jahreszeit standen dort bis zu 100 Schälchen mit unterschiedlich vielen Früchten darin. Am Abend wurden die Schätze aus allen Schälchen schriftlich zusammengezählt: 12 + 4 + 9 + und so weiter. Je mehr Schälchen in der Höhle herumstanden, um so länger wurde die Plusaufgabe und der Platz für die Menschen wurde immer enger. Es musste etwas geschehen, bevor für die Menschen kein Platz mehr in der Höhle war. Da hatte eine schlaue Sammlerin eine Idee: Sie hängte einen großen Lederbeutel in die Höhle und trug jeder Frau auf, die Schälchen immer mit 10 Früchten zu füllen und dann in den Beutel zu schütten. Für jedes umgefüllte Schälchen machte die schlaue Sammlerin einen Strich an die Wand. Am Abend rechnete sie für jeden Strich + 10. Jetzt hatte sie viel Platz in der Höhle gewonnen, musste aber noch immer eine ziemlich lange Schlange von + 10-Aufgaben schreiben. Aber auch dafür hatte sie bald eine Lösung

Altersgruppe:

Ort:

Material:

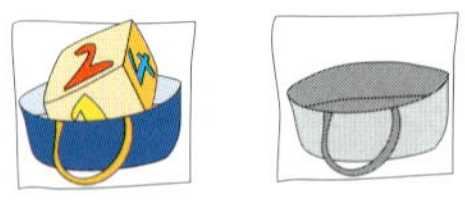

gefunden: Bei 4 Strichen an der Wand wusste sie, die 10 muss 4-mal zusammengezählt werden. Bei 12 Strichen an der Wand wusste sie, die 10 muss 12-mal zusammengerechnet werden. So erfand sie das Malzeichen, als eine Abkürzung für viele Plusaufgaben.

Spiel:
Stellen Sie die 6 Schälchen vor Ihr Kind. Solche Schälchen nutzten auch die Sammlerinnen der Zahlengipfel. Anstelle der Früchte hat Ihr Kind die Steinchen zur Verfügung.

Stufe 1:
Zunächst darf Ihr Kind in jedes der 6 Schälchen gleich viele, zum Beispiel 2 Steinchen, ablegen. Wenn alle Schälchen befüllt sind, sollen alle Steinchen aus allen Schälchen zusammengerechnet werden. Statt 2 + 2 + 2 + 2 + 2 + 2 zu sprechen, kann abgekürzt werden: 6 x 2. Das geht aber nur, wenn wirklich in jedem Schälchen genau 2 Steine liegen.

Stufe 2:
Aus einer Zahlenkombination wird jeweils eine Plusaufgabe und eine Malaufgabe gebildet. Für günstige Zahlenkombinationen wählen Sie kleine Zahlen zum Beispiel: 3 und 5, 2 und 3, 4 und 2 und so weiter. Zuerst wird die Plusaufgabe ausgeführt, zum Beispiel für die Zahlen 3 und 5. Dazu legt das Kind in ein Schälchen 3 Steinchen, in ein anderes 5 Steinchen und spricht dazu: „3 plus 5". Anschließend wird das Ergebnis ausgezählt oder berechnet und überprüft. Für die Malaufgabe wird gesprochen: „3 mal 5" und es werden in 3 Schälchen jeweils 5 Steinchen gelegt. Dann wird die Malaufgabe in eine Plusaufgabe umgewandelt: „3 mal 5 ist 5 plus 5 plus 5" und wieder das Ergebnis ausgezählt oder berechnet und überprüft.

Wenn Sie genügend Schälchen oder Tassen zur Verfügung haben, stellen Sie Plus- und Malaufgabe direkt gegenüber.

Domino

Material:
Blitzdomino beschrieben im Kapitel Bastelecke. Falls das Kind eine Rechenhilfe wünscht, bitte auch Steinchen oder die Zähl- und Rechentafel aus der Tasche im Anhang zur Verfügung stellen.

Zielgruppe:
Alle Altersklassen

Ort:
Am Tisch oder auf dem Boden

Spiel:
Bestücken Sie das Blitzdomino mit Aufgaben zur Übung und Vertiefung von aktuellem Schulstoff oder zur Wiederholung und Auffrischung von länger zurückliegendem Stoff.

Achten Sie beim Beschriften darauf, dass Aufgabe und Ergebnis auf verschiedenen Kärtchen stehen.

Legen Sie alle Karten durcheinander und offen auf den Tisch. Das Kind fängt an, indem es eine Startkarte auswählt und gleich die passende Karte dazu sucht und anlegt. Dann wird so lange reihum angelegt, bis der Kartenkreis geschlossen ist.

Auf dieser und der nächsten Seite finden Sie einige Ideen für das Blitzdomino.

5er-Zahlen:

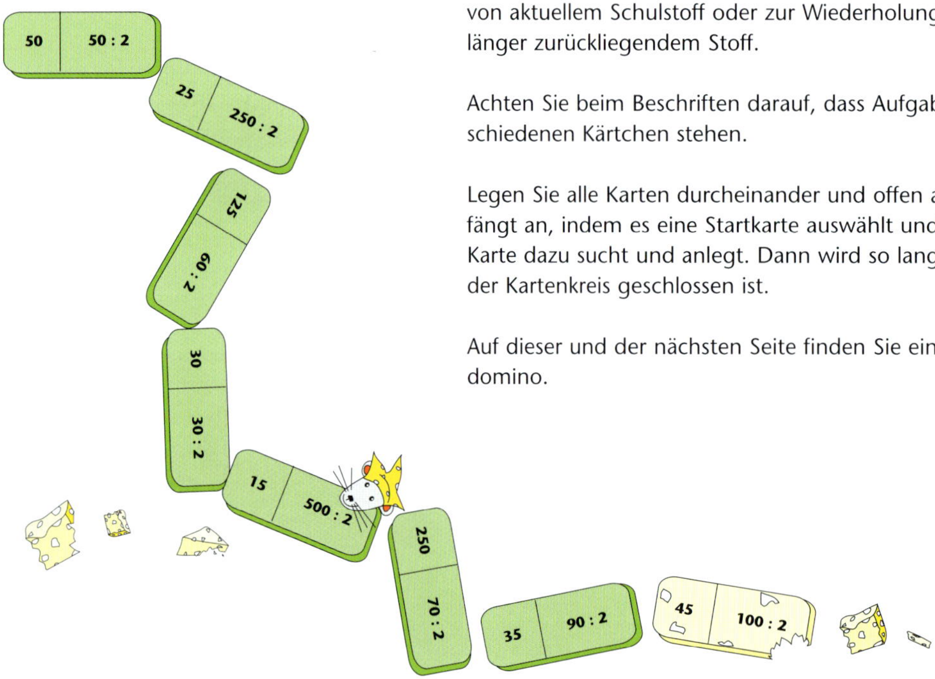

Altersgruppe:

Ort:

Material:

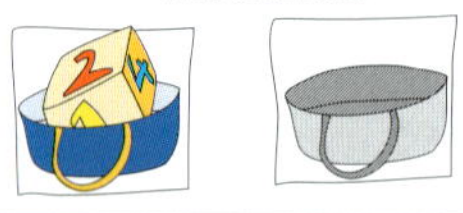

Gleiches Ergebnis

55	40 + ? = 60
10	15 + ? = 60
25	10 + ? = 60
35	45 + ? = 60
20	5 + ? = 60
45	50 + ? = 60
50	35 + ? = 60
15	25 + ? = 60

Kleines Einmaleins

42	7 x 5
48	7 x 4
56	7 x 7
64	6 x 6
35	6 x 7
28	8 x 6
49	7 x 8
36	8 x 8

3er-Reihe

?, 6, 9	7 + 7 + 7
?, 16, 24	5 + 5 + 5
?, 4, 6	9 + 9 + 9
?, 8, 12	6 + 6 + 6
?, 14, 21	3 + 3 + 3
?, 10, 15	8 + 8 + 8
?, 18, 27	2 + 2 + 2
?, 12, 18	4 + 4 + 4

Zehnerübergang

5	42 + 13
25	37 + 14
6	18 + 6
82	77 + 7
55	21 – 16
51	34 – 9
24	13 – 7
84	94 – 12

Ballspiel

Material:
Ein Ball

Zielgruppe:
Alle Altersklassen

Ort:
Überall, wo genügend Platz für ein Wurfspiel ist.

Spiel:
Stufe 1:
Nennen Sie eine Aufgabe im Zahlenraum bis 10 (zum Beispiel 2 + 5 oder 4 – 2) und werfen Sie Ihrem Kind den Ball zu. Ihr Kind wirft Ihnen den Ball zurück und ruft das Ergebnis.

Stufe 2:
Das Ballspiel eignet sich für alle Kopfrechenaufgaben. Falls Ihr Kind noch Unsicherheiten beim Rechnen hat, sollten Sie nur eine begrenzte Anzahl von speziellen Aufgaben üben. Schreiben Sie die Ergebnisse grundsätzlich auf Zettel oder Kärtchen und legen Sie diese auf den Boden. Das erleichtert Ihrem Kind die Suche nach der richtigen Antwort, die es sich nach wiederholtem Spielen nach und nach einprägen wird. Vielleicht wollen Sie sogar zusätzliche Anreize für Ihr Kind schaffen, die Aufgaben bald ohne Spicken zu lösen.

Altersgruppe:

Ort:

Material:

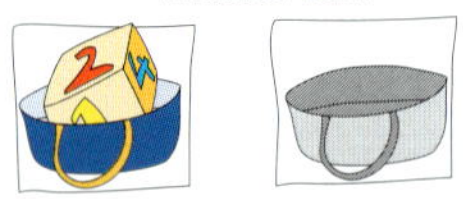

Hier einige Ideen für mögliche Themen zu weiteren Aufgaben:

- Ähnliche Aufgaben (11 – 2 ; 21 – 2 ; 31 – 2 ; 41 – 2 ; 51 – 2 ;...)
- Nennen einer Zahl und deren Verdopplung (12 und 24 ; 8 und 16 ; 35 und 70 ; 9 und 18 ; 5 und 10 ....)
- Die ersten 3 Zahlen von Reihen (1, 2, 3, ; 2, 4, 6 ; 3, 6, 9 ; 4, 8, 12 ; 5, 10, 15 ; 6, 12, 18 ;/.....)

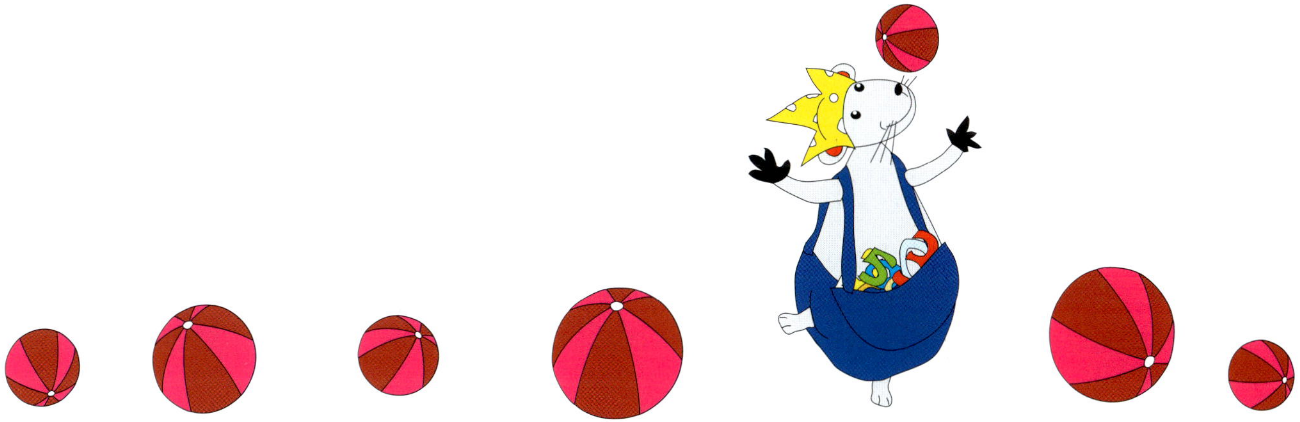

Brettspiel

Material:
Ein selbstgestaltetes Brettspiel, Spielfiguren und ein Dreierwürfel. Anregungen dazu finden Sie in der Bastelecke.

Zielgruppe:
Alle Altersklassen, die sich im Rechnen ohne Anschauungsmaterial üben möchten.

Ort:
Am Tisch

Spiel:
Füllen Sie die ca. 28 leeren Felder des Leiterbrettspieles mit Aufgaben aus. Damit möglichst viele Aufgaben gerechnet werden können, sollte mit einem Dreier-Würfel (siehe Bastelecke) gespielt werden. Aber auch ein herkömmlicher Würfel erfüllt seinen Zweck, wenn bei 4 Augen 1 Feld, bei 5 Augen 2 Felder und bei 6 Augen 3 Felder vorgezogen wird.

Es wird reihum abwechselnd gewürfelt und entsprechend der Augenzahl gezogen. Die Aufgabe des Feldes, auf dem die Spieler zu stehen kommen, wird gelöst. Hat ein Kind Schwierigkeiten mit der Lösung, darf es unterstützt werden. Nach Möglichkeit sollte das Kind aber immer selbständig die Lösung errechnen. Kommt eine Spielfigur auf einen grünen Pfeil, darf der Spieler mit seiner Figur in Pfeilrichtung in die nächste Ebene aufsteigen und auch dort die Aufgabe lösen. Kommt eine Spielfigur jedoch auf einem Feld mit einem roten Pfeil zu stehen, fällt der Spieler die Leiter hinunter und löst dort zusätzlich die Aufgabe.

Auf der gegenüberliegenden Seite ist ein gestalterischer Vorschlag für den Zahlenraum bis 10 zu sehen.

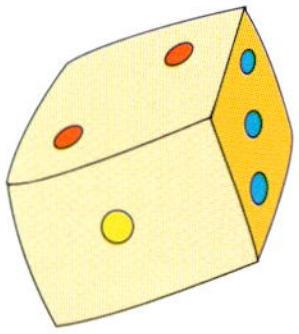

Altersgruppe: **Ort:** **Material:**

ZIEL
10 – 8
5 – 1
5 + 5
4 + 1
10 – 1
5 + 3
6 + 2
3 + 2
10 – 2
3 + 4
5 – 2
10 – 4
1 + 1
3 + 6
5 + 4
5 – 3
3 + 3
9 – 2
10 – 5
2 + 3
5 + 2
4 + 4
START
1 + 4
7 + 2
2 + 2
5 + 1
10 – 3
5 – 4

Upps

Zielgruppe:
Macht besonders Spaß, wenn mit mehreren Kindern gespielt wird.
Die Kinder sollten die 3er-Reihe können.

Ort:
Überall

Spiel:
Es wird von der Null an reihum immer eins hochgezählt. Alle Zahlen, die etwas mit der 3 zu tun haben, werden durch „Upps" ersetzt. In der 3er-Reihe sind das die 3, 6, 9, 12, 13, 15, 18, 21, 23, 24, 27, 30, 31, 32 ....39, 42 und so weiter.

Wenn es als Belustigung und nicht als Strafe empfunden wird, muss derjenige, der einen Fehler gemacht hat, etwas Besonderes tun. Zum Beispiel sich auf ein Bein stellen, einen Arm heben oder er bekommt einfach einen Strich. Zur Abwechslung kann das Spiel natürlich auch mit jeder anderen Reihe gespielt werden. Allerdings sollte sich die Anzahl der Mitspieler von der Reihe unterscheiden. Bei 3 Mitspielern würde beim Aufsagen der 3er-Reihe immer der Gleiche „Upps" sagen. (Ausnahme sind die Zahlen 30 bis 39).

Altersgruppe:

Ort:

Material:

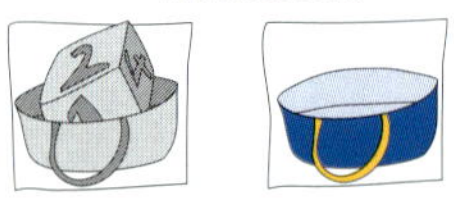

Schau Dir mal den Papi an, was man am Papi rechnen kann!

Zielgruppe:
Der Schwierigkeitsgrad dieses Spieles kann beliebig gewählt werden. Dieses Spiel ist daher für alle Altersklassen geeignet.

Ort:
Überall, wo sich ein Papi, eine Mami oder andere mutige Menschen zur Verfügung stellen.

Spiel:
Das Spiel besteht darin, Aufgaben zu stellen, in denen die Zahlen durch die Körperteile ersetzt werden. Einfache Aufgaben können zum Beispiel so aussehen:

Hand - Nase

Füße + Ohren

Augen x Kopf – Fuß.

oder schwierigere Aufgaben:

Hände – Kopf x Kopf – Hände

Rippen – Augen – Mund x Füße.

Je länger die Aufgaben, umso leichter kann der Überblick verloren gehen. Eine schriftlich vorbereitete Aufgabenliste kann der Verwirrung entgegenwirken.

Zunächst werden einigen Körperteilen Zahlen zugewiesen und diese zum Kennenlernen einige Male abgefragt. Hier im Beispiel gilt folgende Zuordnung:

Mund	=	**1**	Kopf	=	**7**
Nase	=	**1**	Hände	=	**10**
Augen	=	**2**	Füße	=	**10**
Ohren	=	**2**	Rippen	=	**12**
Hand	=	**5**	Zähne	=	**32**
Fuß	=	**5**	Haare	=	**100**

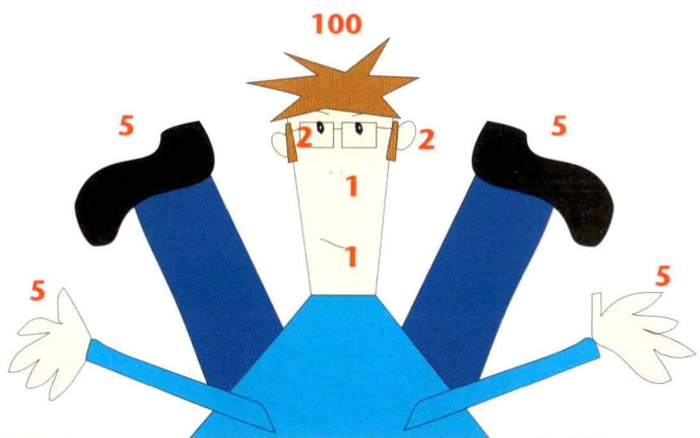

Altersgruppe:

Ort:

Material:

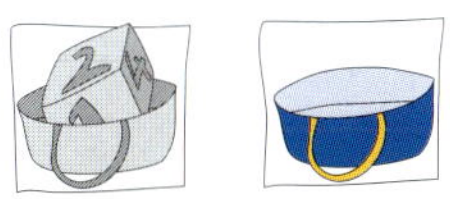

Waschtag

Material:

Ein Seil oder Wäscheleine, ca. 1 m lang, 20 Wäscheklammern, davon sind 10 farblich gekennzeichnet, zum Beispiel in rot. Sie können auch nach Farben sortierte bunte Kunststoffklammern verwenden.

Zielgruppe:
Kinder, die sich im Kopfrechnen von Plus- und Minusaufgaben üben wollen.

Ort:
Im Auto, aber auch überall sonst

Zum Spiel:
Befestigen Sie an einer günstigen Stelle ein Seil, sodass Ihr Kind leicht die Klammern an das Seil klemmen kann. Die roten Wäscheklammern stellen Zehner dar, die naturfarbenen die Einer.

Spiel:
Stellen Sie Ihrem Kind Plus- oder Minusaufgaben im Zehner- oder Hunderterraum.

Ihr Kind klemmt für die Zahlen die entsprechende Anzahl von Klammern an das Seil und nimmt bei Minusaufgaben die entsprechende Anzahl von Klammern wieder ab.

Der Zehnerübergang wird wie bei der Rechentafel vollzogen: Bei Plusaufgaben werden 10 Einer in 1 Zehner umgetauscht. Bei Minusaufgaben ist es umgekehrt, hier wird 1 Zehner in 10 Einer getauscht. (Nutzen Sie zur Vorbereitung Ihres Kindes die Spiele „Mugelsteine" und „Rechnen im Schlaraffenland".)

Altersgruppe: **Ort:** **Material:**

Busfahren

Zielgruppe:
Kinder, die sich im Kopfrechnen von Plus- und Minusaufgaben üben wollen.

Ort:
Im Auto und überall

Zum Spiel:
Die Rahmengeschichte spielt in einem Pendelbus, der Lisa, Pepe und alle ihre Freunde zu den verschiedenen Spielstationen fährt. An jeder Haltestelle steigen einige Freunde aus, während andere einsteigen, um zur nächsten Station zu fahren.

Spiel:
Ihr Kind ist Fahrbegleiter und ist den Fahrgästen beim Ein- und Aussteigen behilflich. Es rechnet aus, wie viele Zahlenfreunde nach Abfahrt von den Haltestellen im Bus sind. Beginnen Sie die Rechengeschichte zum Beispiel so: „Der Bus fährt im Murmelland mit 13 Wichteln los. An der nächsten Haltestelle steigen 5 Wichtel aus und 7 andere Freunde ein. Wie viele Freunde sitzen nun im Bus? ...“

Stellen Sie Ihrem Kind Plus- oder Minusaufgaben im Zehner- oder Hunderterraum.

Altersgruppe:

Ort:

Material:

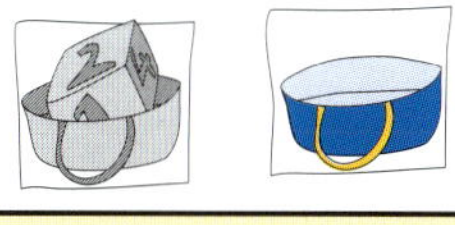

Nummernschilder

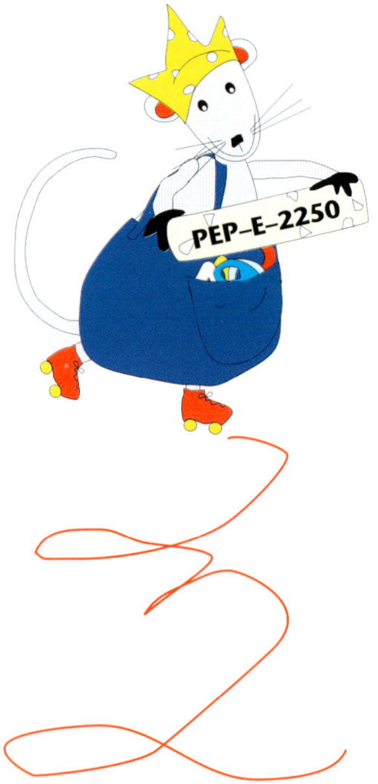

Zielgruppe:
Alle großen und kleinen Autofahrer, die Zeit zum Entziffern von Nummernschildern finden.

Ort:
In und um Autos

Zum Spiel:
Nummernschilder eignen sich hervorragend als Zufallsgenerator für Zahlen. Damit Ihr Kind auch wirklich Spaß beim Rechnen hat, spielen Sie vorab Schlauberger (Stellenwert von Zahlen), Löffeltheater Numero 9 (Quersumme), Sammler und Jäger (Plus- und Mal-Rechnung) und Kartenspieler (Minus- und Geteilt-Rechnung).

Spiel: Zahlen lesen
Die Zahlen auf den Nummernschildern werden vom Kind vorgelesen. Kann Ihr Kind noch keine 3- oder 4-stelligen Zahlen lesen, nutzt es nur die ersten beiden Ziffern auf dem Nummernschild.

Spiel: Quersumme
Es soll die Quersumme der Zahlen auf dem Nummernschild errechnet werden. Die Quersumme wird im Spiel „Löffeltheater Numero 9" erklärt.

Spiel: Die größte und die kleinste Zahl
Die Zahlen der Nummernschilder werden neu geordnet. Zuerst wird aus den Ziffern auf dem Nummernschild die kleinste und dann die größte Zahl gebildet. So lässt sich zum Beispiel von dem Nummernschild „PEP E 2250" als die kleinste Zahl 225 und als größte Zahl 5220 ableiten.

Altersgruppe:

Ort:

Material:

Zum Spiel: Punkt-/Strich-Rechnung
In diesem Spiel werden die Ziffern der Autokennzeichen für Mal-, Plus- und Minusaufgaben benutzt. Dazu werden verschiedene Rechenvorschriften vorgeschlagen. Wählen Sie die Vorschriften aus, die der Rechenfertigkeit Ihres Kindes entsprechen.

Regel 1:
Es wird nur mit den ersten 3 Ziffern eines Nummernschildes gerechnet. Die ersten beiden Zahlen werden multipliziert, die dritte Zahl wird aufaddiert.

Regel 2:
Wieder werden nur die ersten 3 Ziffern eines Nummernschildes genutzt. Die beiden größten Ziffern werden multipliziert, von dem Ergebnis wird die kleinste Zahl abgezogen.

Regel 3:
Alle Ziffern eines Nummernschildes werden in ihrer Reihenfolge abwechselnd multipliziert und addiert.

Regel 4:
Alle Ziffern eines Nummernschildes werden in ihrer Reihenfolge zum Rechnen genutzt. Die Ziffern werden so lange miteinander multipliziert, bis das Ergebnis groß genug ist, um die nächste Ziffer abzuziehen. Bei einem Nummernschild mit einer Ziffernfolge wie 1125 kann gar nicht subtrahiert werden, in diesem Fall werden alle Ziffern multipliziert.

Spiel: Mögliche Teiler

Hier wird die Zahl eines Nummernschildes laut vorgelesen und auf alle möglichen Teiler hin untersucht. Helfen Sie Ihrem Kind durch Fragen: „Ist die Zahl durch 2 teilbar? Durch 3? Durch 4? Durch 5?“ Und so weiter.

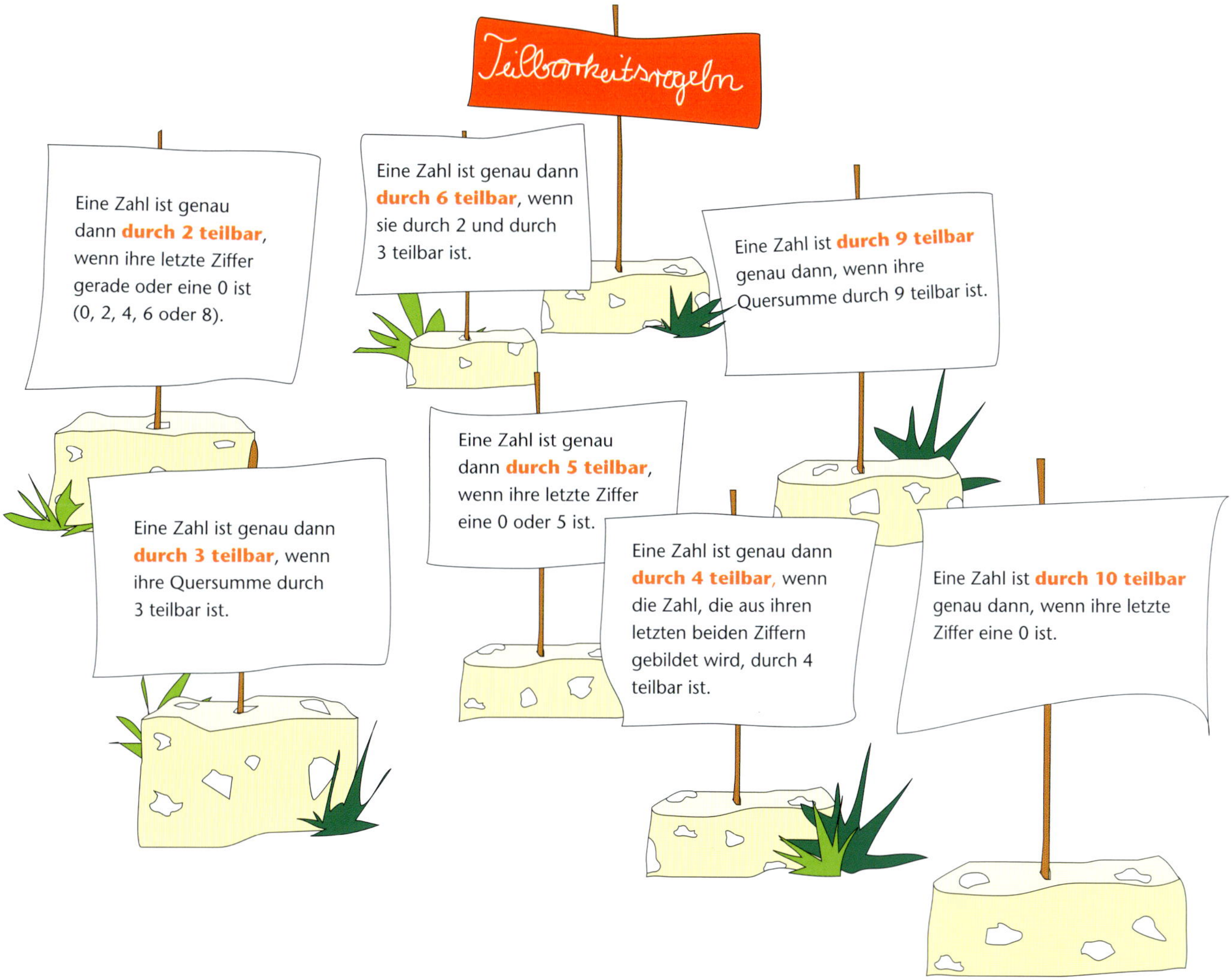
Teilbarkeitsregeln
Eine Zahl ist genau dann **durch 2 teilbar**, wenn ihre letzte Ziffer gerade oder eine 0 ist (0, 2, 4, 6 oder 8).
Eine Zahl ist genau dann **durch 6 teilbar**, wenn sie durch 2 und durch 3 teilbar ist.
Eine Zahl ist **durch 9 teilbar** genau dann, wenn ihre Quersumme durch 9 teilbar ist.
Eine Zahl ist genau dann **durch 5 teilbar**, wenn ihre letzte Ziffer eine 0 oder 5 ist.
Eine Zahl ist genau dann **durch 3 teilbar**, wenn ihre Quersumme durch 3 teilbar ist.
Eine Zahl ist genau dann **durch 4 teilbar**, wenn die Zahl, die aus ihren letzten beiden Ziffern gebildet wird, durch 4 teilbar ist.
Eine Zahl ist **durch 10 teilbar** genau dann, wenn ihre letzte Ziffer eine 0 ist.

Rezept für selbst gemachte weiche Knete

Material:
400 g Mehl
200 g Salz
2 Esslöffel Alaunpulver
(gibt es preiswert in jeder Apotheke)
3 Esslöffel Öl
1/2 Liter kochendes Leitungswasser
Lebensmittelfarben (Supermarkt)

Schritt 1:
Mehl, Salz, Alaun und Öl in eine Schüssel geben.

Schritt 2:
Wasser aufkochen und Speisefarbe darin lösen.

Schritt 3:
Wasser zu den anderen Zutaten geben und mit dem Mixer verrühren (Vorsicht, man kann sich verbrühen!!!). Die selbst gemachte Knete kann mit Lebensmittelfarbe eingefärbt werden und sollte nach Gebrauch in einer Plastiktüte oder Dose im Kühlschrank aufbewahrt werden. Wegen ihrer weichen Konsistenz ist diese Knete schon für kleinste Künstler geeignet.

Die geschmeidige Masse können Sie und Ihr Kind besonders im Kapitel „Sehen, fühlen und tasten" in Spielen wie „Gegensätze erkennen", „Zahlenbäckermeister" und „Alles Knete" genießen.

Spielsteine und Würfel aus Knete

Spielsteine und Würfel aus Knete selbst herzustellen, mag für den einen oder anderen absolut überflüssig erscheinen.

Andererseits: Es macht einen Riesenspaß, mit weichen, deformierbaren Figuren zu spielen (vielleicht nicht unbedingt auf dem Teppichboden oder auf dem Sofa). Die selbst gemachte Knete eignet sich allerdings nicht für die Spielfiguren und Würfel. Sie ist zu weich und nur begrenzt haltbar.

Aus gekaufter Knete gefertigt, halten Figuren und Würfel erstaunlich lange. Das Wunderbare an selbstgemachten Würfeln ist, dass Sie beliebig „bestückt" werden können, zum Beispiel mit Zahlen statt mit Punkten, oder nur mit kleinen Augenzahlen wie beim Dreier-Würfel.

Für Brettspiele mit Rechenaufgaben ist es sinnvoll, die Figuren auf möglichst viele Spielfelder rücken zu lassen. Am einfachsten gelingt das mit einem 3er-Würfel, der nur die Würfelaugen 1 bis 3 jeweils zweimal aufgedruckt hat.

Die Würfelaugen werden mit einem Zahnstocher in die Knete gebohrt. Für einen Dreier-Würfel erscheint jede Augenzahl zweimal. Besonders schön sieht der Würfel aus, wenn Sie in die Löcher kleine Knetkügelchen aus einer anderen Farbe als Punkte einsetzen.

Blitz-Domino-Karten

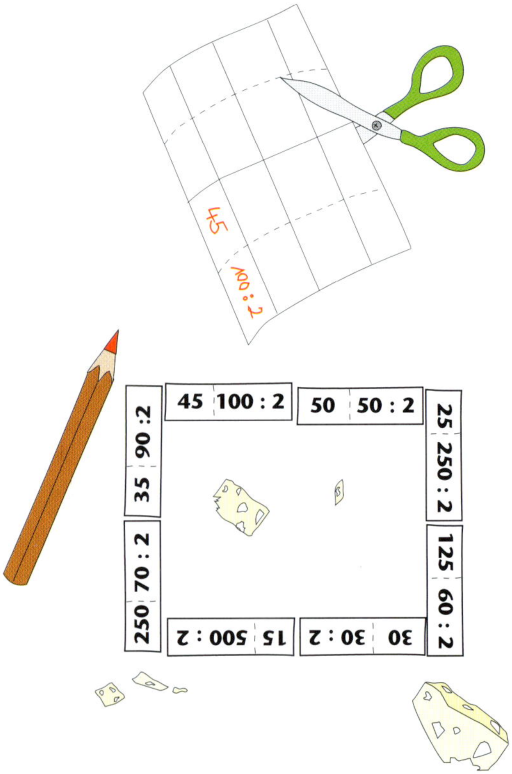

Die **Blitz-Domino-Karten** werden von Ihnen mit solchen Rechenaufgaben bestückt, die für Ihr/e Kind/er gerade aktuell sind oder wiederholt werden sollen.

Wichtig!
Damit das **Blitz-Domino** für Ihr/e Kind/er nicht zum Blitz- und Donner-Erlebnis wird, spielen Sie vorher genügend Spiele durch, bei denen Rechenvorgänge mit Materialien veranschaulicht werden. Sollte/n sich Ihr/e Kind/er beim Kopfrechnen trotzdem noch schwer tun, bieten Sie unbedingt Steinchen zum Nachvollziehen der Rechenoperationen an.

So stellen Sie das Blitz-Domino her: Nehmen Sie ein DIN-A4-Blatt und falten Sie es zweimal der Länge nach. Danach falten Sie das Blatt auf und falten es zweimal über die Breite. Mit einem dicken Filzstift können Sie nun entlang der Kanten freihändig die Linien wie in der Skizze zeichnen. Jetzt noch mit der Schere die Kärtchen entlang der durchgezogenen Linien ausschneiden und fertig ist das Blitz-Domino. Das Blitz-Domino eignet sich für Kopfrechenspiele aller Schwierigkeitsstufen. Achten Sie beim Beschriften darauf, dass Aufgabe und zugehörige Lösung auf unterschiedliche Kärtchen geschrieben werden müssen. Das Spiel besteht darin, Kärtchen mit Aufgabe und Lösung aneinander zu legen. Wenn Sie die Kärtchen richtig beschriftet haben, können auch geschlossene Figuren gelegt werden.

Brettspiele

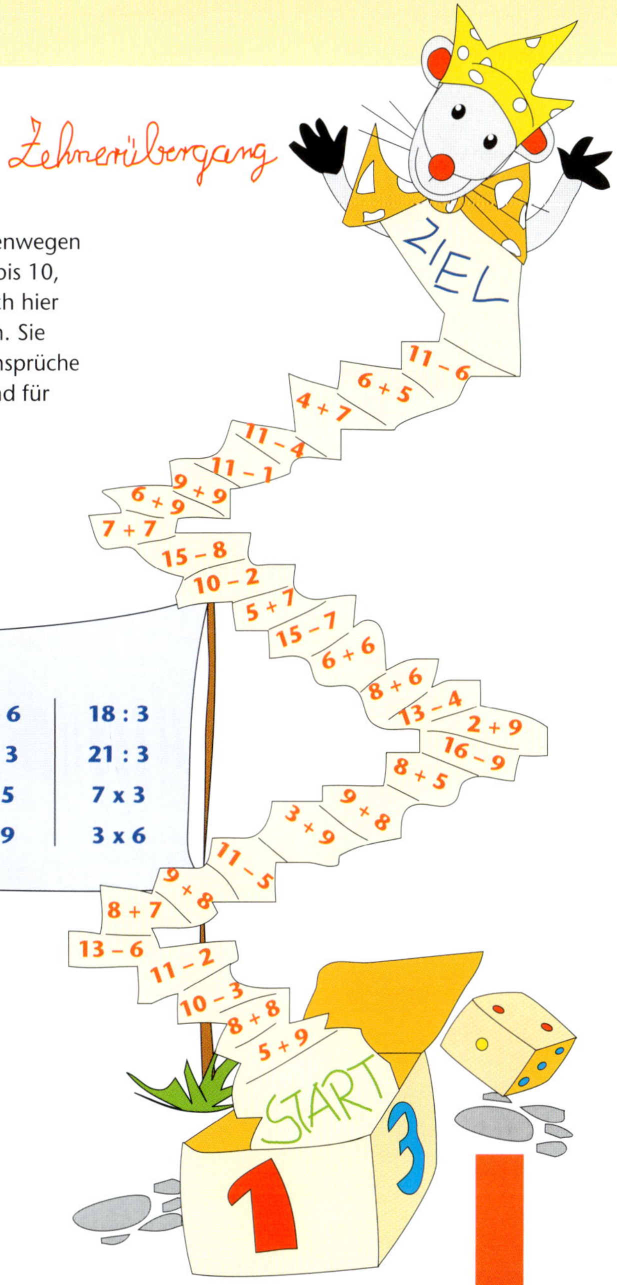

Brettspiele sind wie das Blitz-Domino zum Automatisieren von Rechenwegen geeignet. Ihr Kind kann damit zum Beispiel Aufgaben im Zahlenraum bis 10, den Zehnerübergang oder auch das kleine Einmaleins lernen. Aber auch hier gilt der wichtige Grundsatz: Erst begreifen, dann automatisieren lernen. Sie werden sehen, dass an die Ausführung eines Brettspieles keine hohen Ansprüche gestellt werden müssen. Ein DIN-A4-Blatt und ein schwarzer Filzstift und für Farbenfrohe ein paar Farbstifte genügen zur Herstellung.

Hier gestalterische Vorschläge:

Rund um die 3

4 x 3	3 x 8	12 – 3	21 : 7	9 : 3	21 – 6	18 : 3
15 : 5	9 x 3	21 + 9	27 : 3	24 : 3	12 : 3	21 : 3
24 : 3	6 x 3	10 x 3	12 : 4	27 : 9	3 x 5	7 x 3
21 – 12	3 x 3	6 : 3	18 : 6	8 x 3	3 x 9	3 x 6

Fußspuren, Längenmaße, Perlenschnur

Fußspuren auf dem Boden sind sehr dekorativ und laden zu witzigen Bewegungsspielen ein. Mit ihnen lassen sich wunderbare Spuren quer durchs Zimmer legen. Durch den Abstand wird man zu großen und kleinen Schritten gezwungen und durch Vertauschen linker und rechter Füße kann die Spurensuche mit regelrechten Verrenkungen einhergehen. Die Fußspuren verschönern auch das Spiel „Fußstapfen".

Längenmaße sind 2 x 10 Streifen in 2 verschiedenen Längen, mit je 1 und 10 cm Länge. Mit ihnen lassen sich die Größenverhältnisse von Zehnern und Einern veranschaulichen. Schnell und einfach lassen sich diese Streifen durch das Zerschneiden eines Maßbandes herstellen. Damit Ihr Kind nicht von den Zahlen auf den einzelnen Abschnitten verwirrt wird, streichen Sie mit einem schwarzen Filzstift die Zahlen durch. Die Streifen können natürlich genauso gut auf Pappe gemalt und ausgeschnitten werden.

Perlenschnur: 10 schöne große Holzperlen werden auf einen starken Faden gefädelt. Der Faden sollte um 2 bis 3 Perlendicken länger sein, als die 10 aneinander gereihten Perlen. So Ihr Kind die Perlen zum Abzählen hin und her schieben kann.

Tastkärtchen

Die **Tastkärtchen** werden für das Spiel in einer Tasche gesammelt und vom Kind ertastet. Eine für Kinder handliche Größe ist die Hälfte einer Karteikarte. Sie können aber auch zugeschnittene Bierdeckel oder Kartonteile als Kärtchen verwenden. Die zu ertastenden Formen werden aus Pfeifenputzern zurechtgebogen oder aus Filz geschnitten und auf die Kärtchen geklebt. Die Tastkärtchen werden in dem Spiel „Formen tasten" aus dem Kapitel „Sehen, fühlen und tasten" genutzt.

Formenkärtchen: Um für das Spiel genügend Material zu haben, basteln Sie jede der 3 Formen Viereck, Dreieck und Kreis in 3-facher Ausführung.

Ziffernkärtchen: Es genügt, von den Ziffern 0 bis 9 jeweils ein Kärtchen herzustellen.

Punktekärtchen: Um 6 verschiedene Punktekärtchen zu basteln, werden insgesamt 21 Punkte benötigt. Die Punkte werden in der Anordnung von Würfelaugen auf die Kärtchen geklebt. Punkte aus Filz sind einfach als Kreise auszuschneiden. Möchten Sie lieber Pfeifenputzer verwenden, wickeln Sie ca. 3 cm lange Drahtstücke zu einem Punkt.

Zahlenkärtchen, Zahlen-Tischset, Zähl- und Rechentafel

In vielen Spielen werden **Zahlenkärtchen** benutzt. Mit der praktischen Tasche am innen liegenden Rückdeckel des Buches sind alle Zahlenkärtchen bereits aufgeräumt und immer griffbereit.

Zahlen-Tischset: Zeichnen Sie mit einem dicken, dunklen Stift auf ein DIN-A3-Blatt (großer Zeichenblock) die Konturen der Zahlen 1 bis 10 und malen Sie mit Ihrem Kind zusammen die Zahlen und/oder den Hintergrund aus. Damit das Set unbekümmert als Spielunterlage oder Tischset benutzt werden kann, sollte es laminiert oder mit selbstklebender Folie geschützt werden. Viele Copy-Shops bieten mittlerweile einen Laminierservice an. Das Aufbringen einer durchsichtigen und selbstklebenden Folie ist zwar eine Alternative, aber es ist relativ schwierig, die große Fläche ohne Falten zu bekleben.

Sie finden die **Zähl- und Rechentafel** in der Tasche im Anhang. Vor dem ersten Gebrauch muss die Tafel gefalzt und eingeschnitten werden. Die Falzlinien sind bereits vorgegeben. Falzen Sie jede lange Kante der gelben Balken, sodass die Zahlen nach außen weisen und die gelben Balken eine kleine Seitenfläche bilden.

Was in jede Tasche passt, Autodepot

Was in jede Tasche passt:

- **10 getrocknete Bohnenkerne** für Spiele wie
  5 Farbkleckse machen Kunst,
  Schatzmeister,
  Schüttelfinger,
  und Perlenschnur.
- **ein Luftballon** für das
  Ballspiel.

Autodepot:

- **30 getrocknete Bohnenkerne** für Spiele wie:
  Ausverkauf,
  5 Farbkleckse machen Kunst,
  Sammler und Jäger,
  Kartenspieler,
  Bohnenfest,
  und Bohnenpolonaise
- **Perlenschnur** für die Perlenschnur
- **ein Luftballon** für das Ballspiel
- **ein Springseil** für Spiele wie Langbeine, Seiltänzer und Vermesser.
- **Straßenkreide** für Spiele wie Verschnaufpause und Nachbarzahlen.
- **kurze Wäscheleine und 10 rote und 10 naturfarbene Klammern** für den Waschtag.

Pepe gesucht!

Pepe ist neugierig und möchte alle Aufgaben kennen lernen. Deshalb rechnet er sehr gerne mit. Doch manchmal knabbert er lieber Käse und sieht den anderen beim Spielen zu. Wie oft sich Pepe im Buch zeigt oder versteckt, weiß keiner ganz genau. Wer es herausfindet und die richtige Zahl an ***Pepe c/o Freiburger Verlag, Hartkirchweg 37, 79111 Freiburg*** *schickt, bekommt Post von Pepe! Zusätzlich verschickt Pepe einmal im Monat als Dankeschön unter allen Einsendern eine tolle Überraschung. Viel Spaß beim Zählen!*

(Und hier noch ein Tipp: Verwechselt Pepe und Lisa nicht!)

*Wir haben zu diesem Buch eine Internetseite mit Ergänzungen und neuen Spielen erstellt. Unter **www.pepe-lisa.de** können Sie sich zum Beispiel Brettspiele herunterladen. Es lohnt sich! Schauen Sie einfach ab und zu mal vorbei! Spielmaterialien können auch direkt bestellt werden. Weitere Informationen zu Lernspielen und Veranstaltungen finden Sie auch auf **www.akademie-lernwerk.de**.*

1 2 3 4 5 6 7 8 9 0

0
9
8
7
6
5
4
3
2
1

Zähl- und Rechentafel

0	0	1	1
2	2	3	3
4	4	5	5

6	6	7	7
8	8	9	9
10	11	12